月《つき》10万《まん》円《えん》で より豊《ゆた》かに暮《く》らす ミニマリスト生《せい》活《かつ》

ミニマリスト
Minimalist
Takeru《たける》

Minimalist Living:
How to Thrive on ¥100,000/Month

CROSSMEDIA PUBLISHING

プロローグ

人生どん底で見つけた光、それがミニマリズム

本書を手に取っていただきありがとうございます。

あなたがこの本を手に取ったのは、現在あなたは何かに悩んでおり、心の中で**「人生を変えたい」「もっと人生を良くしたい」**と思っているからかもしれません。

以前の僕もそうでした。自分の部屋をスッキリさせたい、もっと自由に生きたい、もっと好きなことをして楽しく生きたい、お金の不安から逃れたい。そう感じて「ミニマリズム」の本を手に取りました。

これは偶然ではありません。あなたは心の中で「この本を読めば人生が変わるかもしれない」と思ったからです。その直感にしたがって、この本を読み進めてみてください。

はじめまして。ミニマリストTakeru（タケル）です。僕は現在、登録者5万人のYouTuber（ユーチューバー）として、ミニマリズムという「より少ない生き方」の魅力を世の中に広める活動をしており、月間150万回ほど再生されるまでになりました。そして、今ではこうして本を執筆しています。

でも、昔から自分の好きなことを仕事にして、自由に楽しく生きてきたわけではありません。僕は16歳の時に潰瘍性大腸炎という難病を患い、それから13年間ずっとこの病気とつき合って生きています。大学を卒業して社会人になってからは、とくに好きでもない仕事で地道に働いていました。メンタルもかなり弱く、うつ状態や気分変調症という精神疾病を患ったくらいです。そんな体もメンタルも弱い僕は人生うまくいくはずもなく、1年間、無職・無収入だったこともあります。

僕の人生が変わったのは、言うまでもなく「ミニマリズム」との出会いでした。**ミニマリズムとは、「必要最小限のモノで暮らすこと」です。**僕はもともと、大量のモノで溢れた汚部屋に住んでいました。同じモノが何個もあり、何がどこにあるかもわからない状態。十分なくらいモノがあるはずなのに、欲しいモノを挙げ出したらキリがない。だからもっと稼ごうとする。お金が欲しい、収入を上げたい。でも働けば働くほど、身も心もボロボロになっていく。生活に全く余裕がなく、いつも時間に追われていました。

そして24歳の時、難病の潰瘍性大腸炎が再発して身も心も限界を迎えました。健康も仕事も失い、当時同棲していた元カノにもフラれ、人生どん底の状態。そんなある日、「人生を変えたい」と思った時に、僕はミニマリズムという、人生を一変させるライフスタイルと出会ったのです。

約3年かけて３０００個以上のモノを手放し、ミニマリストになりました。人によっては、ミニマリストなんて**「宗教くさい」「貧乏くさい」「モノを持たない暮らしなんて嫌だ」「そんな人生、幸せになれるはずがない」**と思う人もいるでしょう。

真のミニマリズムを知らない人は、最初は誰もそんな反応です。でも、僕はミニマリズムという「より少ない生き方」と出会ってから、人生が大きく変わりました。この事実だけは、誰にも変えられません。

「モノを減らすだけで本当に人生変わるのか?」と疑問に思われる人もいるはずです。もちろん、モノを減らすことはキッカケにすぎません。**ミニマリズムというのは、今までの人生を一度リセットしてくれる考え方であり、人生のチューニングを行ってくれる手段です。**人生をリセットし、チューニングを行い、再スタートを切る。誰でも簡単に、人生を変えられる手段がミニマリズムなのです。

あなたは、ご自身の人生を変えるためにどんなことを今までにしてきましたか? 本を大量に読む、セミナーに参加する、資格を取る、30万円くらいする情報商材を買う。もちろん、それらも大事なことかもしれません。しかしそれらの自己投資には、お金も時間もかかる上に、人生を変えられる人はほんの一部です。事実、ミニマリストになる前の僕がそうでした。本を読んでも、資格を取っても、セミナーに参加しても、それほど人生が変わらない。そんな人にこそ、この本を読んでもらいたいと思っています。

　モノを減らすことは、誰でも簡単に手っ取り早く始められます。そして、**モノを減らして身軽になれば、なんとも言えない安心感と、自由が得られます。チャンスが目の前にパッと現れた時、すぐにチャンスを掴みにいけるお金も自由も手元にある状態です。**だから人生が変えられるわけです。これこそ、初めに取り組むべき自己投資です。まず身の回りの環境を整えなければ、どれだけ本やセミナーにお金をかけてもうまくいかないでしょう。

　ぜひ僕を信じて本書を読みながら実践し、最後までおつき合いください。きっと、今あなたが想像もしないような未来が開けるでしょう。大事なことは、読んだことを「実践」することです。本を読むだけでは人生は変わりません。ぜひ、あなたができることから始めてみてください。

　きっとこの本を手に取っているあなたは、今よりも人生をより良くしていきたいと思っているはずです。では、人生がうまくいく人とうまくいかない人、何が違うのでしょうか。答えは、あなたの人生の中にあります。

　あなたの過去を振り返ってみた時、人生で一番楽しかった時、充実していた時、結果を残せた時、お部屋の状態はどんな風でしたか？

　逆に、人生どん底だった時、辛かった時、苦しかった時、お部屋の状態はどうでしたか？　そこに成功のヒントが隠されています。

「人生の状態」と「お部屋の状態」は、無関係ではありません。成功している人ほど綺麗でスッキリしたお部屋に住み、こだわりのモノを持っています。そして、辛く苦しい人生を送っている人ほど、散らかった汚部屋に住んでいて、どうでもいいモノばかり持っている傾向があります。

ひと昔前までは、**「More is better（モア・イズ・ベター）」**という考え方が主流でした。これは、**「多ければ多いほどいい」**という意味です。モノも、収入も、そして仕事も人間関係も、多い方が幸せになれると多くの人は思い込んでいます。

はたして、それは正しいのでしょうか？ もしそれが本当に正しければ、日本は昔よりも幸せな人が多いはずです。ですが周りを見渡してみてください。あなたの身近に幸せそうな人はいるでしょうか。苦労して働いて、いつもお金と時間に余裕がなく、愚痴や不平不満ばかりで、週末になると疲れ果ててグッタリしていませんか？ 本当に幸せな人生を求めるのであれば、その常識を変えなければいけません。

これからミニマリストを目指したい人、人生を変えたい人に覚えていただきたい大事な言葉があります。それは**「Less is more（レス・イズ・モア）」**です。意味は**「より少ないことは、より豊かなこと」**です。初めは信じられないかもしれませんが、これは真実です。

たとえ月収10万円でも、モノを減らせば自分らしく、身軽に自由に、好きなことをして生きられるようになります。いえ、モノが少ないから、人づき合いが少ないから、収入が少なくても心豊かに生きられるのです。そこまで頑張って稼がなくてもいいわけです。

この本のテーマは、「減らすこと」よりも、むしろ「豊かに生きること」にあります。人は抱えるモノが多ければ多いほど、悩みごとも増え、ストレスを感じます。でも、**人生から不要なモノがなくなれば、あなたにとって最も大事なことに使える時間とお金が手に入ります。**その結果、多くのチャンスを掴むことができ、多くのことを成し遂げ、人生の満足度が飛躍的に高くなるわけです。

ミニマリズムは僕にとっても、あなたにとっても希望を与えてくれる生き方です。それでは、夢と希望で溢れた「ミニマリズムの世界」へご案内しましょう。

２０２０年春

ミニマリスト　Ｔａｋｅｒｕ

目次

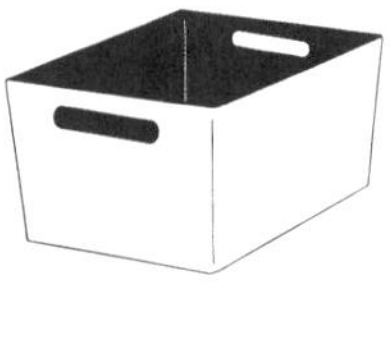

第2章 モノを手放し自分らしく生きる

第3章 ストレスを減らす暮らし方

第4章 その人づき合いやめませんか？

第5章 大切なお金の問題を考えよう

SUPER

第1章

汚部屋を片付けて、身軽な人生に

01 モノの持ち過ぎは人生の重荷

僕の部屋は、大量のモノで溢れていました。玄関は靴で溢れ、キッチンには食器や調理器具、賞味期限切れの食材が山ほどあり、リビングの床には大量のモノが散乱。テーブルの上も、収納の中も、モノがいっぱいで何がどこにあるのかわからない。新しくモノを買ってきても収納する場所がないので、また新しく収納ボックスを買ってくる。何度片付けても、数日後には散らかり放題。そんな汚部屋でした。

片付けをするのも掃除をするのも面倒になり、どんどん部屋が汚れていく。次第に家事をするのも嫌になり、ストレス発散で好き放題お金を使ってモノを買う。

僕がそんな負のループに陥っていたのは、モノがたくさんある方が幸せになれると思っていたからです。モノが多い不便さやストレスを、モノで解決しようとしていました。でもある時、そんな物欲まみれの生活では、幸せにはなれないことに気がついたのです。

そこで、チェックリストを作ってみました。もしも該当する項目が多い人は、危険信号です。

- ☑探し物や失くし物が多い
- ☑毎日家事に追われている
- ☑生活費が高くてカツカツ
- ☑借金やローンがある
- ☑貯金が増えない
- ☑お金欲しさに労働時間を増やす
- ☑気軽に友人や恋人を家に呼べない
- ☑好きなことをやる余裕がない
- ☑スケジュールがぎっしり
- ☑休んでも疲れが取れない
- ☑家に帰るたびにうんざりする

いかがでしょうか。きっと、あなたにも心当たりがあると思います。昔の僕も、常に余裕がなくて身も心もボロボロでした。モノに支配されていたからです。**モノが多かったせいで、自分にとって貴重な時間とお金が奪われていました。**モノの持ち過ぎは、人生の重荷になります。

あなたも一度、考えてみてください。一日の生活の中で、モノのためにどれだけの時間とお金を使っているでしょうか。買い物や整理整頓、家事、インターネットでレビューを見る時間など、モノのために莫大な時間とお金をかけていませんか？

逆に、あなたの部屋が今よりもスッキリした部屋だったらどうでしょうか。どんな良いことが起こりそうでしょうか。一度想像してみてください。きっと、良いことが起こりそうですよね。

僕は今までの人生で、とにかくモノに時間とお金をかけてきました。洋服や家具・家電、車、ブランド品、化粧品など、金額にすると数百万円、時間にすると何万時間も使っていたと思います。もっとモノ以外の価値あることにお金と時間を使っていたら、僕の人生はさらに変わっていたはずです。

僕たちは、モノに時間とお金をかけるほど、余裕がなくなっていきます。だから、モノが多いほど幸せから遠ざかっていくのです。僕たちは、モノのために生きているのではありません。大事なことは、**モノにお金や時間を使うことではなく、そのモノを使ってどう人生を楽しむかに時間とお金を使うことです。**

幸せな人生を送るためには、重荷を背負ってはいけません。人生は、長旅です。長旅に出る時、50 kgもあるリュックサックを背負っていたら、たとえ便利なモノが入っていても旅をすることはできません。人生も同じです。**旅するように自由に、心豊かに人生を楽しみたければ、モノを減らすしかないのです。**

02 僕に希望を与えてくれたミニマリズム

２０１５年、難病の潰瘍性大腸炎が再発し、１年間働けない時期がありました。下痢と下血がひどく、１日トイレに30回以上駆け込み、極度のダルさと憂うつな気分で、とても働ける状態ではありませんでした。なぜ病気が再発したのかといえば、仕事のストレスと当時つき合っていた元カノにフラれたことが一番の原因です。

ちょうど24歳の時に１度目の転職をしたのですが、職場に馴染めず、結果もなかなか出ない。家に帰っても、同棲中の家はモノで溢れ返っていて、家の中でもストレスを抱えていました。当然、僕と元カノの精神状態は悪い方向に向かっていきます。そんなある日、「仕事を辞めたい」と元カノに伝えたところ、別れ話を切り出されたのです。

今考えれば当然のことです。結婚を考えていた相手が突然無職になる。自分一人で二人ぶんの生活費を稼がなければいけない。さらにはケンカが絶えず、お互いの精神状態は最悪。僕も元カノの立場なら、同じ行動をとっていたでしょう。ですが当時の僕は、彼女が支えてくれると思っていたのでショックが大きく、極度のストレスで病気が再発したのです。そこから1年間、無職・無収入の状態でした。

体調不良で寝込む日々でしたが、ある日書店で**『より少ない生き方』(ジョシュア・ベッカー著 かんき出版 2016年)**の本が目に飛び込んできました。これが、僕とミニマリズムの最初の出会いです。人生を変えたいと思っていた僕は、ひとまずモノを減らし始め、３人暮らしのシェアハウスに引越して、少しでも経済的負担を減らそうと思いました。

モノを減らし始めてから少しずつ体調が安定してきた僕は、再就職して働き始めます。ですが、そこでも結局うまくいかずに退職して、再び無職に。とにかくお金が必要だった僕は、個人事業主として働くことを決意しました。業務委託という形で、完全出来高制の働き方です。当時の求人では「平均月収35万円」と書いてあったので、すぐに応募しました。

実は、シェアハウスに引っ越したもののルームメイトともうまくいかず、1年で貯金を貯めて引っ越したいと思っていたのです。できるだけ早くお金を貯めて引っ越すために、ガムシャラに働いていました。月に3日しか休まず、１日の労働時間は12時間以上。当時の生活費が20万円ほどで、月収30~40万円だった僕は1年で１５０万円貯金できたため、１年後に新居へ引っ越すことができました。

しかし、生活は急展開を迎えます。１年間も無理して働き続けた結果、持病が再発して働けなくなってしまったのです。そこでもう一度人生を変えようと、ミニマリズムを本格的に取り組み始めました。

初めてミニマリズムの本と出会った時、正直、**モノを手放しただけで人生が変わるとは思っておらず、半信半疑の状態で、とりあえずその場しのぎでモノを減らしただけでした。**でも、再び『より少ない生き方』を読んで、僕は「ミニマリストになろう！」と決意したのです。その本には、**「ミニマリスト生活は、すべての人の人生を変える」「夢を叶える生き方だ」**と書いてありました。

僕は長い間、本当に辛く苦しい生活を送ってきたので、生活を変える必要がありました。ミニマリズムを実践すれば僕の人生は変わるかもしれない、本当に叶えたかった夢が叶えられるかもしれないと、本気で思うようになったのです。

ミニマリストになる目的はただひとつ。**身の回りをスッキリさせて、人生で一番大切な夢や目標を叶えることです。**その生き方に出会ってから、ミニマリズムはいつも僕に生きる希望と勇気を与えてくれます。

03 こんな人生にしたい！を明確にする

２０１７年の秋、本格的にミニマリズム生活を始動させました。ただ、何をどんな風に取り組んでいけばいいのか、当時の僕は全くわかっていませんでした。そこで、「より少ない生き方」を熟読し、「ミニマリズムとは何なのか」を真剣に学び始めました。

そこで僕がまず取り組んだことは、**「こんな人生にしたい！」を明確にすること。何を目的にモノを減らすのかを明確にすることでした。**ミニマリズムは、なんでもかんでも手放せばいいというものではなく、必要なモノは残さなければいけません。モノを手放して不便な生活になってしまっては、意味がないからです。

当時の僕は、**今までの人生を振り返り、どんな人生にしたいのかをひたすらノートに書き始めました。**生まれてから現在まで、過去の出来事を思い出せるかぎりノートに書き出し、そしてこの先どんな人生にしていきたいのかを書き出しました。

今までの人生を振り返ってみると、学生時代の夢や、社会人になったらこんな大人になりたい、という夢がゴロゴロ出てきました。でも、社会に出て現実を知ってから、そんな夢も知らず知らずのうちに消えていったのです。そう、僕は夢も希望も失った大人になっていました。

毎日暗い顔をして仕事に向かう。疲れ果てた顔は、まるでゾンビのよう。書き出したノートを見返していた時、「僕はこんな大人になるつもりじゃなかったのに……」と強く思いました。

そこで僕は、学生時代の初々しい気持ちを思い出し、人生をやり直すなら今しかないと思って、**「なぜ僕がミニマリストになりたいのか」**を書き出していきました。僕の昔からの夢が「人に教える仕事」をすることでした。学校の先生かセミナー講師になって、自分の知識や経験を人のために役立てたい、そんな仕事ができたらなんて最高な人生だろうと想像するとワクワクしました。「よし、その夢を叶えるために、モノを手放そう」と、ミニマリストになることを一大決心したのです。

なぜ僕がモノを減らさなければいけないのか、なぜミニマリストになりたいのか、それは僕が思い描いた夢を絶対に叶えるため。その夢を叶えるためなら、どんな犠牲も惜しまない、そんな覚悟を持ってモノを減らそうと僕は決意しました。

そんな風に、**ミニマリズムを実践する上で大事なのは、人生をシンプルにして、本当に叶えたい夢に集中して成し遂げることです。**ただモノを手放すことが、ミニマリズムではありません。ミニマリストになって、人生から余分なモノがなくなれば、理想の人生を追いかける時間とお金が手に入ります。

あなたは今、「本当にやりたいこと」を後回しにしていませんか？「本当にやりたいこと」を諦めていませんか？ やりたいことをやるためには、お金も時間も必要です。**ミニマリズムを実践すれば、必要なお金も時間も増えていきます。**

物欲を満たすだけの大人になるのか、それとも夢を叶える大人になるのか、僕は後者の方がカッコいいと思っています。たとえ失敗しても、夢に向かって頑張っている時は誰でもキラキラ輝いているものです。僕は、そんな大人でありたいです。

work

次のテーマについて、自由にノートに書き出してみましょう。

①あなたはこれから、どんな人生にしていきたいですか？
②あなたがまだ叶えていない、大きな夢は何ですか？

04

人生を一度リセットする

「こんな人生にしたい！」「こんな人間になりたい！」という目標が決まったら、あとは簡単です。**その夢や目標に関係ないモノを手放していくだけです。**僕にとっても、あなたにとっても何より大事なことは、夢や目標を必ず叶えること。その夢に向かって、必死に努力することです。そのためにも、**無駄なことやモノに、時間やお金、エネルギーを使ってはいけないのです。**

僕が今まで、ずっと思い描いていた「先生になる」「セミナー講師になる」という夢から遠のいていたのは、その夢を忘れていたからであり、夢とは全く関係のないモノばかりに時間とお金を使っていたことが原因です。ですので、**まずは今まで買ってきた夢とは無関係なモノを手放していくのが最も効果的です。**一度、人生をリセットするのです。そうすれば、イヤでも夢に集中せざるを得なくなります。

変な言い方になりますが、もうあなたは言い訳できなくなります。今までは余計なことに時間とお金を使っていたから、「お金がない」「時間がない」と言い訳して許されていたかもしれません。

ですが、モノを手放せば夢を叶えるために使える時間もお金も増えていきます。だから、もう言い訳はできません。あとは「やる」か「やらないか」の問題だからです。

僕は今までに、夢と関係のないモノを**3000個以上手放してきました。確かに3000個のモノは失いましたが、部屋は綺麗になり、そして今まで大量のモノに奪われていた「時間」と「お金」が自由に使えるようになりました。**その時間とお金を夢のために使ったことで、少しずつ夢に近づいていったのです。

僕はあらゆるモノを手放し、もう買わないと決めました。例えば、僕はこの先、お財布や腕時計は買いません。正直、腕時計や財布に何万円もかけるのがもったいないと思ったからです。そのぶん、本をたくさん読んだ方が夢が叶いやすいと思いませんか？　資格を取ったり、セミナーに参加したりもできますよね。**モノを手放すことで、買わないと決断することで、もっと有意義なことに時間とお金を使うことができるようになります。**

もちろん、それによってモノを買う楽しさは失われるかもしれません。ですが、僕にとって、モノを買うことよりも夢を叶えることの方が何百倍価値があるのです。もし夢とは関係ない欲しいモノがあれば、夢を叶えてからでもいいと思っています。

夢を叶えるために大事なことは、不要なモノを手放すことであり、不要なモノはもう買わないと決めることです。

もしあなたが明日から半年間、海外出張に行くとしたらキャリーケースひとつに何を入れますか？　一度考えてみてください。きっとその中に入れるモノは、今のあなたにとって大切なモノであり、必要なモノである可能性が非常に高いです。しかし、今回選ばれなかったモノは「なくてもいいモノ」「なくてもどうにでもなるモノ」の可能性が高いです。そういうモノを手放していけば、きっとあなたの身の回りには大事なモノしか残らなくなります。

モノの選び方、残し方で重要なのは「目的地」です。自分がどのゴールに向かうかによって、残すモノが変わるのです。ハワイに行くのと北極に行くのとでは荷物は明らかに違うはずです。あなたが叶えたい夢（目的地）にたどり着くために必要なモノを残しましょう。夢が変われば、自然と必要なモノも変わってきます。

そして、**どんな夢やライフスタイルを選ぶにしても、ミニマリズムを実践すればあなたにとってより良い人生にしてくれるはずです。**

work

今から15分だけ片付けを行いましょう。

（例）ボロボロで古いモノ、一年以上使ってないモノ、存在を忘れていたモノ、同じモノが何個もあるモノ、買った日からそのままのモノ、期限切れのモノ、半年以内に使いきれないモノ、夢と関係ないモノを手放してみてください。

05

将来の不安を減らす

夢や目標と無関係なモノを手放したことで、そこに集中するためのお金と時間が増えます。つまり僕は、夢に向かわざるを得ない状況を作ってきました。まさに背水の陣です。

でも、**人は本気で今から夢を叶えようとなった時、怖くなります。**本気で叶えたい夢を追いかけるのにもリスクがあるからです。夢を追いかけるということは、それなりのお金と時間もかかるし、失敗したら周りからバカにされる可能性も十分あります。

僕も一度は躊躇しました。夢に挑戦しないこともひとつの選択肢だからです。本気で叶えたい大きな夢が目の前に立ちはだかった時、人はその場で怖気づいてしまうのです。僕が不安だったのは、お金の不安、時間の不安、心の不安です。夢に挑戦するのはいいけれど、もし貯金がなくなってしまったらどうしよう。もしも失敗して収入が今より減ったらどうしよう。夢に挑戦するということはやることも増えるわけだから、今より忙しくなったらどうしよう。失敗して、周りからバカにされて心が傷ついたらどうしよう。家族に迷惑をかけたらどうしよう。そんな不安がいつも頭をよぎるのです。

この問題を解決するには、少しでも不安を減らすことです。**「できない理由」を探すのではなく、「できる」ように努力するのです。**お金に不安があるのなら、生活費を見直して無駄な支出を削り、無駄なモノを買わないことで経済的ゆとりを得られるはずです。人によっては、生活水準を下げる必要があるかもしれません。時間的に余裕がないならば、一度スケジュールを見直し、無駄なこと、やらなくてもいいこと、優先順位が低い行動を手放すべきです。とにかく、**いらないモノ、不要な行動を徹底的に手放せば、そのぶんだけ大切な夢を追求する余裕が生まれます。**

ミニマリズムは手段にすぎません。不要なモノを手放せば、人生において最優先事項に集中することができます。だから僕は、夢や目標のためにいらないモノを容赦なく手放すことができました。**モノに執着していると、本当に実現したい夢を叶えることができません。**本当に幸せな人生から遠のいてしまうのです。モノを手放し、物欲から解放されれば、やりたいことにいくらでも挑戦できるようになります。

そして夢に挑戦する上で一番の問題は、心が傷つくことを怖がることかもしれません。結局は誰でも自分が一番可愛く、自分を守りたいのです。自分の悪口なんて聞きたくないし、バカにされることが好きな人なんていません。でも、傷つくことを恐れていたら、周りの顔色ばかり伺っていたら、失敗を怖がっていたら、絶対に成功はあり得ません。どんな偉大な成功者も、何万回と失敗して、何万回と傷ついて成功を掴んでいるからです。

大事なことは勇気ある一歩を踏み出すことであり、自分がその夢を叶えているイメージを常に持つことです。夢にワクワクしましょう。誰でも夢に挑戦するときは不安を持つものです。でも、夢を叶えられる人に共通していることは、ワクワクしていることです。ぜひあなたも**「この夢が叶ったら、どんなに楽しい人生になるだろう。どんなにいい世の中になるだろう」**とワクワクしてみてください。

あなたにはきっと叶えたい大きな夢があり、自分の中の小さな可能性を信じていると思います。だからこそ、少ないモノで暮らすことはあなたにとってとても大切なことです。モノが少なくなれば生活に余裕が生まれ、将来の不安が和らぐからです。

work

次のテーマについて、自由にノートに書き出してみましょう。

①あなたの夢をもう一度書き出しましょう。
②あなたの夢が叶ったら、どんないいことが起こりそうですか？
③夢のために今日できることは何でしょうか？

06 過去を断ち切る

大人になると夢に挑戦しなくなるのは、社会の厳しさを知り、「夢なんて叶えられない」という現実を知ったからではないでしょうか。自分はちっぽけな存在で、子どもの時に抱いていた夢を何度も諦めて挫折してきた方が多いでしょう。そんな風に、**過去の失敗や挫折経験がトラウマとなって、夢を持つことすら忘れている大人が多くいます。**昔の僕もそうでした。

ではなぜ、今の僕はいつも夢を大きく掲げ、挑戦できるようになったかと言えば、過去を断ち切ったからです。それは、過去の失敗や挫折経験だけではなく、過去の思い出も栄光もすべて手放しました。**過去を断ち切ったことにより、前進できるようになったのです。**

人が何かに躊躇する時、過去の体験を思い出します。過去の苦い思い出や体験から、「新しいことに挑戦してもどうせダメだ」という思い込みをします。それは、二度と同じような思いをして傷つきたくない自分がいるからです。

理想の人生を現実にするには、過去を断ち切らないといけません。その方法は簡単で、**過去の**

思い出のモノや失敗体験を思い出させるようなモノを手放すことです。これから未来に向かって前進していくあなたは、もう過去を振り向いてはいけません。自分の意識が過去に向いている以上、前に進むことができないからです。**大事なことは、過去をどう生きてきたかではなく、今これからをどう生きていくかです。**過去はもう関係ありません。

過去のモノを手放すことを嫌がる気持ちも十分わかります。ですが、過去のモノを手放して今の生活に影響は出るでしょうか。きっと普段通りの生活ができるはずです。つまり、**僕たちが普段生活をする上で、過去のモノは一切なくても困らないわけです。**

僕の中では、過去の思い出にふける時間よりも、新しい未来を創造した方がはるかに楽しく、ワクワクする人生になるということです。過去を振り返っても、未来が変わるわけではありません。**今まで通りの人生を送るのか、それとも今までとは違った人生を送るのか、あなたはどちらを選びますか？**

僕は常に夢に挑戦して、自分が望む未来にどんどん近づいていきたい。僕が常に前だけを向いて前進できているのは、過去を断ち切ったからであり、過去への執着を手放したからです。そして、どうやって夢を叶えられるかを常に考えてきたからです。理想の未来を強くイメージしながら、今の自分がやるべきことを着々とこなしてきました。**大事なのは、過去を生きることではなく、理想の未来を描きながら今を生きることです。**

もしもこれから大きな夢に挑戦したければ、過去の自分に別れを告げましょう。過去の自分に支配されてはいけません。過去は過去、今は今です。今をどう生きるかは自分次第なのです。**過去のモノを手放せば、それだけで意識は未来に向いていきます。**思い出すキッカケが少なくなるからです。「今をどう生きようか」「未来にどんな楽しみがあるだろうか」を考えるようになります。

もう一度、あなたが本当に叶えたい夢ややりたいことを思い出してみてください。**あなたにとって大事なことは、過去の思い出にふけることですか？　それとも夢を叶えた自分になることですか？**　どちらがワクワクするでしょうか？

過去のモノを手放すことは、過去の自分に別れを告げる作業でもあります。それは決して悪いことではありません。辛い作業ではありますが、必要なことです。過去の自分に別れを告げることで、今の自分がなりたい理想の姿をハッキリ見つけることができるからです。つまり、今から新しい自分に生まれ変わる作業でもあります。人生が余計なガラクタに侵食されていたら、大事な夢を達成できなくなってしまいます。大事なのは、モノではなく夢を叶えることです。理想の未来を実現するためなら、犠牲を払う価値は十分あるはずです。

人生にケリをつけましょう。曖昧にしていては、前進することはできません。**必要ないモノ、過去の栄光や思い出、古いモノを手放した時、今のあなたに必要なモノが入ってきます。**過去に執着しない生き方だからこそ、過去の自分とは関係ない大きな夢を叶えることができるのです。

work

次のテーマについて、思いつくかぎりノートに書き出してみましょう。

①今から半年後、1年後、10年後、どんな自分になっていたいですか？

②夢を叶えた自分は、どんな部屋に住んでいますか？
どんな風に生活してますか？

③今から15分、「夢を叶えた自分」になりきって、必要ないモノを手放してみましょう。それは「夢を叶えた自分」にふさわしいモノですか？

07 時間とお金に追われる生活からの解放

将来への不安を和らげ、過去への執着を断ち切る。すると、今を一生懸命生きることができます。あなたがやらなければいけないことは、夢を叶えるために全力を尽くすことです。そこで重要になってくるのは、**自分が持てるかぎりの時間とお金を夢に一点集中することです。**

多くの人が夢に挑戦する時、言い訳として出てくるのが「お金がない」「時間がなくて忙しい」という言い訳です。これから夢を叶えようとする時、このお金と時間の使い方によって夢が叶うかどうかが決まってきます。夢が叶う云々だけではなく、これから先の人生の幸か不幸かを決めてしまいます。だからあなたは、できるかぎりの時間とお金を生み出さなければいけません。

そのために必要なことが、モノを減らすこと、そしてモノを買わないと決断することです。生活費を一度見直し、無駄な支出を削ることが重要です。**現代は大量消費社会で、「モノをもっと買いなさい」「モノを買えば幸せになれる」と誘惑してきます。**

しかし、今まであなたは大量のモノを買ってきたと思いますが、幸せになれたでしょうか。

このままどれだけのモノを買い続ければ、幸せになれるのでしょうか。モノは僕たちを幸せにはしてくれません。つまりこの先、いくらモノを買っても幸せにはなれないのです。幸せになりたければ、モノを減らすほかありません。**この消費社会から抜け出すことが、お金と時間に追われる生活から解放される唯一の方法です。**

　ミニマリストになると、あらゆる誘惑に動じなくなります。今の自分に必要かどうかを瞬時に判断することができるからです。すでにあるモノで必要最低限の暮らしをしているミニマリストからしてみれば、わざわざ自分の貴重な資産であるお金と時間を浪費してまでモノを買いたくありません。大事なのは、自分の夢と天秤にかけた時に、どちらが重要かを判断することです。

　モノを買えばそのぶん、やりたいことから遠ざかってしまいます。モノを買うには、お金を稼がなければいけません。たくさん働いてようやくお金が貯まったら、買いたいモノについて念入りに調べ、実際に買い、そして買った後もホコリを払ったり、修理したり、整理整頓や維持管理にとても手間がかかります。モノをひとつ買うということは、それだけ時間とお金を消費するのです。

　ですが、モノを買わなければ消費される時間とお金も減ります。つまり、モノをできるかぎり少なくすれば、お金と時間は逆に増えるのです。**もしもあなたがお金と時間に余裕のある生活を送りたければ、もっと収入を上げようとするのではなく、まずはモノを減らすことの方が重要です。**

僕たちはあまりにも、お金と時間に縛られて生きています。モノを買うことで働く時間が増え、整理整頓や片付けをする必要が出てくる。モノが増えすぎたら収納を増やし、それでも足りなければ広い家に引っ越す。どんどん生活水準が上がっていき、手元にお金は残らない。だから生活に全く余裕がなく、いつも時間とお金に追われてしまうのです。

大事なことは後回しにしてはいけません。あなたにとって大事なことは、モノを買うことではなく、贅沢な暮らしをすることでもありません。家族と過ごす時間だったり、健康、自分らしく生きること、夢を叶えることです。

この消費社会から抜け出すために、今すぐ生活をダウンサイズしましょう。身の丈にあった生活にするのです。モノを減らし、必要なモノが少なくなれば1カ月の出費も少なくなるはずです。そうすれば、お金のストレスは今まで以上に軽減されます。これからは、本当に大事なモノを優先する生活にしていきましょう。

お金と時間を最大限活用し、今よりも自由に、よりお金にゆとりのある生活になるのが、正しいミニマリズムです。浮いたお金と時間を使って、将来やりたいこと、やるべきことに一点集中させれば着実に夢に近づいていきます。まずは生活をコンパクトにして、時間とお金にゆとりを作ることが、今すぐできる最も正しい選択です。

work

次のテーマについて、自由にノートに書き出してみましょう。

①生活費を見直し、夢のために削れる部分はありますか？

②スケジュール表を見直し、無駄な行動ややめるべき行動はありますか？

08 自分にとって最低限の幸せを明確にする

あなたにとって、幸せな生活とはどんな生活でしょうか。きっといろいろな答えが出てくると思います。では、**あなたにとって「最低限の幸せ」はどんな生活でしょうか。**今の生活で、最低限どんなことができていれば、どんな状態であれば、幸せと思えるのでしょうか。そしてその幸せな生活には、いくらお金が必要でしょうか。一度考えてみてください。

これは**「ミニマルライフコスト」**といって、**自分が最低限の幸せを感じるのに必要な費用**のことを言います。僕の場合、YouTubeという好きな仕事ができて、自分を成長させるための自己投資ができていれば、他には何もいらないと思っています。だから、YouTubeと自己投資以外のことにはほとんどお金がかかりません。余計なことにお金をかけるくらいなら、YouTubeや自己投資にお金を使った方が幸せになれるからです。だから、全く関係ないコストは徹底的に削ることができます。こんな風に、自分にとってこれさえできていれば最低限幸せ、という基準があると無駄遣いが減っていきます。

多くの人は、幸せの基準が高すぎる傾向があります。週に何度も友人と外食に出かけたり、家賃の高いデザイナーズマンションに住んだり、高級車に乗りたい、ブランド品を買いたい、あれが欲しいこれが欲しい、あれもやりたいこれもやりたいなどと、自分の身の丈に合わない基準を持っています。幸せの基準が高すぎると、人は簡単に不幸になります。その基準を満たすのは至難の業だからです。だから一度、地に足をつけるためにも、一度幸せの基準を見直す必要があります。**あなたにとって、何が幸せでしょうか。**

多くを求めすぎると、やるべきことも増えていくので生きるのが辛くなります。まずは、**今の自分にとって何が一番幸せの要素を占めているのかをハッキリさせましょう。**多くを求めすぎてしまうと、お金も時間も結果的に浪費することになります。

家族が元気でいてくれたらそれでいい、健康であればそれでいい、今の仕事さえできていれば、毎月15万円の収入があれば、趣味の時間さえあれば、夢にチャレンジできていれば……など、誰でも必ずそういうものがあるはずです。ぜひ一度、自分にとって何が一番心を満たしてくれるのかを考えてみてください。

そして、**最低限自分が幸せでいられるために、必要な時間とお金を明確にしておくことも大事です。**自分にとっての幸せの形が見えてくると、気が楽になります。その幸せを叶えるために時間とお金を使えるようになるからです。今までは多くを求めすぎて、ご自身でも何が一番重要なのかがわかっていなかったはずです。しかし、これからはそのひとつの幸せを叶えるために全力を尽くせるのです。

ミニマリズムの形は、人それぞれ違います。決まった定義もルールもありません。つまり、「これがミニマリスト」というものがないので、自分のライフスタイルにあった自己流のミニマリズムを実践してください。「必要最低限」は人によって違います。ミニマリストとは、「持ち物の数」で決まるのではありません。**理想の人生を叶えるために必要なモノだけを残し、その邪魔になるモノをすべて手放す手段なのです。**

僕の理想の人生と、あなたにとっての理想の人生が全く同じでないように、ミニマリズムの形も異なります。つまり、残すモノも、手放すモノも人によってバラバラなのです。違っても全く問題ありません。むしろ、自己流のミニマリズムを実践した方がいい結果を生みます。あなたの人生は他人のものではなく、あなたの人生です。**あなたの理想を叶えるためのミニマリズムでなければ、何の意味もありません。**つまり、自分さえ満たせていればそれでいいのです。

自己流のミニマリズムを創造する時、大事なのは**自分の理想の人生を真剣に考え、それを実現するのに一番適したミニマリズムを選ぶことです。**この目的さえ見失わなければ、適切な形で無駄なモノを手放せるはずです。

work

次のテーマについて、自由にノートに書き出してみましょう。

①あなたにとって「最低限の幸せ」は何でしょうか？

②そしてその生活にはいくら費用がかかるでしょうか？

09 「夢見る人生」から「夢を実現する人生」に

僕はモノを溜め込む生活をしていたことが原因で、自分の可能性を見失っていました。お金も時間もなく、毎日余裕のない生活。毎日生きていくのに必死でした。夢を叶えるなんて夢のまた夢。仕方のないことだと諦めていたのです。

でも２０１６年以降、僕の人生は大きく変わりました。**モノを手放しながら人生の選択肢を吟味して、大きな夢に近づける選択をしたからです。**人生は、選択の連続です。今の自分がどういう選択をするかで、この先の未来が変わります。

選択とは、「手に入れること」でもあり「手放すこと」でもあります。**あなたはこれから先の未来でどんな人生を手に入れたいのか、どんな人生が嫌なのかを今、選ばなくてはいけません。**今と同じ選択をすれば、今まで通りの人生を送ることになります。今までと違った選択をすれば、間違いなく人生は変わるでしょう。

ミニマリズムの目的は、人生で多くのことを達成することです。ミニマリズムを実践すると生活に余裕が生まれ、本当に大切な夢を叶えることができます。モノをいくらたくさん持っていても、高価なモノをいくら持っていても、もっと広い家、もっとカッコイイ車、流行の服、最新機種のモノを持っていようと、僕たちは幸せになれるわけではありません。

ですが、ミニマリストは「もっと欲しい」「もっと持たなければ」という物欲が少なくなります。全く物欲がゼロになるわけではありませんが、モノを手放したことで自分が恵まれていることに気づき、必要なモノはすでにあることに気がつくのです。僕はミニマリストになったことで、**「今あるものでも十分幸せ」だと感じるようになりました。**

「ないものねだり」は、どんどん心のエネルギーを奪っていきます。**ですが、「足るを知る」「今ある幸せを感じる」ことで、どんどん心のエネルギーが充電されていきます。**これが、新しいことにチャレンジする活力になります。

今までは「足りない」「今僕は不幸だ」と思って、それを埋めるかのようにモノを買っていたのが、「今は十分にある」「今でも十分幸せだ」というマインドに変わり、自分の長所や可能性にも目を向けられるようになりました。つまり、僕はモノを手放したことでいろいろな可能性が見えてきたのです。**お金と時間に余裕があるだけではなく、人づき合いを見直せる余裕、嫌な仕事を減らせる余裕、生活習慣を見直せる余裕が出てきました。**徐々に人生から「マイナス」の部分が減っていき、「プラス」になるものが増えていくので、ますます自分の人生が向上していきます。

もちろん、良いことばかりが起きるわけではありません。様々な問題が人生には起こります。

悩むこともあります。ですが、今では生活に余裕があるからこそ迅速に問題解決に取り組めるようになりました。生活に余裕がなかった頃は、解決する時間もお金もなかったので、ずっと問題が長引いていました。つまり、問題や悩みはますます大きくなるばかりで、何も解決する手立てがないのです。

　モノは時間とともに古くなり、いつかは壊れ、使えなくなります。したがって、今よりももっとモノを持とうとすると、時間とお金を吸い取られていきます。でも、**大事な時間とお金を本当に大切なことに使えたらどんなに人生が変わるでしょうか。**ミニマリズムは、「夢を叶える人生」を手に入れる一番の近道です。どんな問題が出てきても、どんな悩みが出てきても迅速に対応することができるので、ひたすら夢を叶えることに集中できるようになります。だからこそ、**無駄なことにお金と時間を使うのをやめて、モノを溜め込む生活をやめるべきです。**

work

次のテーマについて、自由にノートに書き出してみましょう。

①今の生活で、幸せなことは何でしょうか？

②今の生活で、改善できたら幸せになれる部分は何でしょうか？

③今からあなたができることは何ですか？

10 最高の未来のために無駄を捨てていく

僕は、常に最高の未来に向かって生きています。必要なモノは増やし、必要なくなったモノは惜しみなく手放します。**常に「今の自分」にとって必要なモノだけを手元に残している状態です。**だから家の片付けに時間を取られることはなく、やりたかった仕事を始め、借金を返済し、今は自由に好きなことをして生きることができています。

僕がなぜモノに執着しないのかと言えば、今に集中したいからです。過去の思い出を振り返ることよりも、今に集中した方が未来を楽しめます。今を一瞬一瞬生きるからこそ、一年後の未来でもその一瞬を楽しめるのです。

そして、未来に怯えて何も行動しないよりも、今努力すれば未来が変わるかもしれない。未来のことは、その時になってからでないとわからない。**つまり今、未来のことに不安がっても意味がありません。やるべきことは、行動のみ。**だから今必要なモノだけを手元に残し、それ以外は容赦なく手放せるのです。

僕はこのスタイルを3年間続けてきました。過去を振り返ることをせず、未来に怯えず、前だけを向いて一歩一歩進んできました。最小限のモノだけで身軽に生きてきたからこそ、時間とお金を未来の自分に投資することができたのです。

もちろん、僕にも辛いことや問題はたくさん起きます。でも僕は、**その時々の状況に応じて必要なモノ、人づき合い、仕事の仕方を常に変えています。**その時の状況によって、常に身の回りの環境を適応させていくことで、問題を長引かせずに済むからです。常に最高の未来に近づけるように、必要なモノ、不要なモノが入れ替わっています。

このようにミニマリズムは、最高の未来を創るために無駄を捨てていく手段です。ミニマリズムをあらゆる側面で応用すれば、間違いなく人生は変わります。

自分自身のために、もっと大きな夢を見ましょう。どんな夢を思い描くかで、この先の未来も変わってきます。時間やお金の使い方、努力の仕方が全く変わってくるからです。人生で、大きなことを成し遂げようとすれば、自然と生き方も変わるものです。

やりたいことが見つかったら、もういらないモノに人生を振り回されてはいけません。そして、夢を叶えるためには、どんなモノを持てばいいのかを考えてみてください。**あなたには夢を叶える情熱があり、その夢の妨げになるモノをすべて手放したとしても、犠牲にした気分にはならないはずです。**

「あれも欲しい、これも欲しい」と欲張っていては、自分が求めている最高の未来は実現しません。最高の結果を得るためには、何かを手放す必要があります。

僕はよく人生を登山に例えますが、あれもこれもカバンに詰め込めば、たとえ便利なモノが入っていても頂上にたどり着くことができません。登山の基本は、頂上にたどり着くために必要なモノを最低限だけ持ち、身軽にすることです。

人生も同じです。**頂上がゴールだとしたら、必要なモノしか持ってはいけないのです。**身軽に生きるからこそ、今まで見たことがない絶景を眺めることができます。

何のためにミニマリストになるかはあなた次第です。何を残し、何を手放すのかも、それができるのはあなたしかいません。そして頂上を目指して第一歩を踏み出せば、次第に必要なモノが明確になり、より具体的にあなただけの目的地が見えてくるはずです。

work

次のテーマについて、自由にノートに書き出してみましょう。

①あなたは何のためにミニマリストになるのでしょうか?

②夢を叶えるために、今からあなたができることは何でしょうか?

第2章

モノを手放し自分らしく生きる

01 大事なのは環境を整えること

現在、あなたはどんなお部屋に住んでいるでしょうか。どんなモノがあり、どれくらいの量があり、お部屋の状態は綺麗でしょうか。それとも散らかっているでしょうか。

そして、**夢を叶えた自分をイメージしてみてください。**夢を叶えたあなたはどんなお部屋に住んでいるでしょうか。どんな持ち物があり、どれくらいの量があるでしょうか。

きっと、この両者に大きな差があるのではないかと思います。これからあなたは、この理想のお部屋に少しでも近づけるように、モノを減らし、整理整頓していく必要があります。

第1章では「夢は見るものではなく実現するもの」というお話をしました。つまり、大事なのは行動にすることで理想の未来に着実に近づいていくことです。したがって、まずあなたが片付けをする前にしなければいけないことは、**理想のお部屋をありありと想像することです。**どんな玄関にしたいのか、リビングやキッチン、クローゼット、テーブルの上、水回り、インテリアなど、あなたが思い描く理想のお部屋を想像することが重要です。**目標が明確でないと、何を残し**

て何を手放せばいいのかわからなくなるからです。

もしイメージができない方は、雑誌やブログ、YouTubeなどで「こんなお部屋に住みたい！」「この人のように暮らしたい」と思える憧れのお部屋、憧れの存在を見つけてください。雑誌の写真を切り抜いてノートに貼り付けたり、目標を書いた紙を部屋に貼ったりするのも効果的ですし、ブログやYouTubeなどで発信者の動向を追いかけるのもいいでしょう。

大事なことは、**とにかく目標を具体化して常に意識して生活することです。**ミニマリズムを実践していると、くじけそうになることが何度もあります。そんな時に自身の夢や目標を再確認すれば、再びモチベーションを上げることができるはずです。このライフスタイルは、努力してでも手に入れる価値があるものだと、自分自身を納得させる意味でもぜひやってみてください。

そしてあなたが見つけた憧れのお部屋、憧れの人は、きっとモノが少ないスッキリしたお部屋に住んでいます。それはつまり、裏を返せば部屋をスッキリさせることで、あなたも憧れの存在のようになり、人生が好転していくということです。

目標が具体化すれば、必要なモノと不要なモノが自然と見えてきます。理想のお部屋にふさわしいモノと、そうでないモノに仕分けていけばいいのです。**もしも判断に迷ったら、「憧れの人ならどうするかな？」と想像してみてください。**そんな風にあなたが理想とするお部屋に少しでも近づけていくことが大切です。

そしてあなたが忘れてはいけないことは、**夢を叶えることです。**やりたいことや好きなことを増やし、やりたくないことや嫌いなことをできるかぎり減らすことだと思います。**その夢を叶えるためには、夢を追いかける上で邪魔になるものは絶対に手放さなければいけません。**

僕が常に意識していたのは、**「片付けをしなくてもいい部屋」**にすることでした。常に整ったお部屋にすることで、いつでも集中できる環境を作りたかったのです。まさに人生がうまくいく人のお部屋です。

人生がうまくいかない人は、何か新しいことにチャレンジしようと思っても、まずお部屋の片付けから始めないといけない人が大半です。それだけで時間と体力が奪われていき、片付けが終わる頃にはもう新しいことに挑戦する気力も体力も残っていません。つまり、やりたいことを先延ばしすることになってしまい、せっかくのチャンスを失ってしまうのです。

お部屋づくりで大事なことは、すぐにやりたいことに取りかかれる環境を常に作っておくことです。人生がうまくいく人や運よくチャンスを掴む人は、お部屋が常に綺麗で、必要なモノをすぐに用意できて、時間に余裕があるのですぐに行動に移せます。「やりたい！ 挑戦したい‼」と思った時にすぐに行動できるかどうかは、あなたのお部屋次第なのです。理想の未来を実現するためにも、常に身の回りの環境を整えていきましょう。

work

次のテーマについて、自由にノートに書き出してみましょう。

①憧れのお部屋を見つけましょう。
あなたはどんなお部屋に住みたいですか?

②その理想のお部屋で、どんな生活をしたいですか?

③15分間、理想のお部屋をイメージしながら身の回りを整えてみましょう。

02 あなたにとって大切な3つのモノ

僕は今まで３０００個以上のモノを手放してきましたが、今も昔も三つのルールにしたがって「モノを残す」「手放す」「買う」を判断しています。これから紹介する三つの基準に当てはまるモノは残し、そうでないモノは手放す、そして新しく買うと決めました。そのルールは次の三つです。

① お金を生み出してくれるモノ
② 時間を生み出してくれるモノ
③ ポジティブな気分にしてくれるモノ

この**「お金」「時間」「心」の三つの条件に当てはまらないモノは、徹底的に処分しても構いません。**きっと後悔することもないでしょう。僕は今までに３０００個以上のモノをこのルールにしたがって手放してきましたが、全く後悔はありませんでした。ここでのポイントは、**あなたが「残すべきモノ」「手放すべきモノ」の基準やルールを明確にして、そのルールにしたがってモノを持つかを判断することです。**そうすることで、あなたがこれから何に集中するべきなのかが見えてきますし、この三つのルールにしたがってモノを残していけば生活に余裕が生まれること間違いなしだからです。それでは一つひとつのルールについて説明していきます。

① お金を生み出してくれるモノ

これは、そのモノ自体がお金を生み出すかどうかで判断します。つまり、**仕事道具や仕事に生きるモノは残し、そうでないモノは手放しましょう。**たとえ今すぐお金にならなくても、今後その見込みがあるモノも残してもいいでしょう。生活をする上で、やはりお金は必要です。さらに、これから大きな夢を叶えるともなれば、必要なお金はさらに増えるでしょう。お金や仕事に直結するモノは残すべきです。僕の場合はYouTubeで好きなことを発信して、ミニマリズムの魅力を広めたいと思っていたので、スマホや三脚、パソコンは「捨てない」と決めました。

他にも**節約に繋がるモノ、使うことでお金に少しでも余裕が生まれるモノは残すべきです。**手放したことでお金がかかる生活になるようでは元も子もありません。ただし、安物買いの銭失いにならないように気をつけてください。

②　時間を生み出してくれるモノ

これは、そのモノ自体が時間を生み出してくれるかどうかで判断します。つまり、**生活の効率化をしてくれるモノは残し、そうでないモノは手放しましょう。**

僕たちは今、恵まれた環境で生きています。極端な話ですが、僕たちはモノがなければ今みたいな生活はできません。洗濯機がなければ、何時間もかけて服を手洗いしなければいけません。掃除機がなければ、何時間もかけて雑巾掛けをすることになります。調理器具がなければ料理もできません。つまり、僕たちはモノがあることで生活の効率化ができているのです。

モノがあることで、とても便利で豊かな生活になります。したがって、生活の効率化をしてくれるモノは残すべきです。ただし、なんでもかんでも残せばいいのではなく、**普段の生活で使うモノに限定**してください。モノが増えすぎてしまえばそのぶん、時間が奪われてしまうからです。時間を奪ってくるモノ、手間がかかるモノは手放す必要があります。

例えば、「自分はこれに集中したいのに、別のことをしてしまう」ということってありませんか？　これもあなたから貴重な時間を奪っていることになるので、原因となるモノを手放さなければいけません。「本を読みたいのに、片付けをしなければならない」と思っているのであれば、モノを徹底的に手放して片付けをなくす必要があります。

僕の場合、夢に挑戦するためにゲーム機やＣＤ、ＤＶＤを手放しました。そこに時間を使わずに夢のために使おうと決断したからです。モノだけではなく、メールのやり取りをするコト、ＳＮＳやテレビをダラダラ見るコトもやめました。僕はそれだけ本気だったということです。こんな風に**時間を奪ってくるモノ・コトを手放すと、本当にやりたいことに集中できるようになります。**

③ ポジティブな気分にしてくれるモノ

これはそのもの自体が、あなたの気分をポジティブにしてくれるかどうかで判断します。これは「楽しい」「ワクワク」という気分だけではなく、「癒し」や「安心」などもそうです。あなたの気分が落ち込んだ時やイライラした時、ネガティブな感情を抱いた時に活躍してくれます。**使うだけで、見るだけで気分をプラスにしてくれるモノは残しましょう。**その一方で、**気分を害するモノや何も感じないモノは手放した方がいい**と思います。そういったモノが多いと、本当に必要なモノが埋もれてしまうからです。

僕は今までに大量のモノを処分して、今では自分のお気に入りのモノしかありません。肌触りや使い心地、軽さやコンパクトさ、色合いなど、こだわりのモノを持つことで心の状態がプラスになっていきます。これから先の人生、楽しいことだけではなく、辛いことや苦しいことも起こります。そんな時に重要なのは、自分の心の支えになってくれるモノたちです。

僕たちには「なんとなく持っているモノ」がたくさんあります。

☑ いつか使おうと思っているモノ
☑ 人からもらったモノ
☑ タダでもらったモノ
☑ おまけでもらったモノ
☑ 安くてお得だったモノ
☑ 捨てるのがもったいないモノ
☑ 高かったモノ

それらのモノは、普段使っていますか？　気分は上がりますか？　今すぐ手放したら生活に影響が出るモノですか？　この質問に対して即答で「ＹＥＳ」と答えられないモノは手放しましょう。それらのモノは、あなたからお金も時間も、スペースも奪ってくるモノたちです。処分するのがもったいなければ、どなたか使ってくれそうな人に譲ったり売ったりするのが一番いいと思います。

もちろん、初めから完璧に手放せる人はいません。僕も初めは見よう見まねでやっていました。少しずつ、自分ができる範囲で始めてみてください。その小さな一歩が、この先の未来で活きてくるはずです。

work

次のテーマについて、自由にノートに書き出してみましょう。

①あなたの身の回りで、お金に直結するモノは何でしょうか。
②普段の生活の中で、効率を上げてくれるモノは何でしょうか。
③あなたにとって、気分を上げてくれる大切なモノは何でしょうか。

03 すぐに効果を実感できる捨て方

「ミニマリストになろう！」と決断した人でも、家中がモノで溢れているお部屋を見渡すと、「どこから手をつけていいのかわからない」という人が多いと思います。でも答えは簡単で、僕がオススメするのは次の三つの方法です。

① スモールスペースを片付ける
② 家の中でよく使う場所を片付ける
③ 大量にある捨てやすいモノから片付ける

この三つの方法でモノを手放し始めれば間違いありません。片付けを挫折する人の多くは、「趣味のモノが捨てられない」「思い出のモノが捨てられない」「家族のモノが捨てられない」「子どものオモチャはどうすればいいの？」などと、捨てるのが難しいモノから取り組もうとします。「できない」「やらない」理由ばかり考えてしまって、行動しません。

大事なのは、**「できる」ことを見つけて簡単なところから始めてみることです。**きっと、今すぐに手放しても大丈夫なモノがいくつかあるはずです。わざわざ難しいところから始める必要はありません。とにかく今は、**捨てられないモノや捨てにくいモノは後回しにして、モノを減らし始めることが最優先です。**

① スモールスペースを片付ける

スモールスペースというのは、「小さい場所」「小さい空間」という意味です。例えば、お財布の中やカバンの中がそれに当たります。**「小さな空間」にはゴミや不要なモノが溜まりやすく、簡単に片付けることができるはずです。**まずはご自身の「小さな空間」を綺麗にしていきましょう。

お財布やカバンの中は、あなたのお部屋の縮図です。ここが綺麗にならないと、広いお部屋も綺麗にはできません。捨てるポイントは、今後「使う」か「使わない」かで判断することです。この先使いそうもないモノがあれば、一度手放しましょう。

（スモールスペースの例）
カバン、財布、筆箱、スマホケース、小さな収納ボックス、化粧ポーチ、車、冷蔵庫など

②家の中でよく使う場所を片付ける

あなたは普段、家のどこで生活をすることが多いですか？　二つ目の方法では、**あなたが一番よく使う場所のいらないモノを手放していきましょう。**もう使わないモノや好きではなくなったモノ、家に置いておきたくないモノ、あると散らかった感じになるモノがきっとあると思います。ぜひそういうモノから手放してみてください。

いつも使う場所がスッキリすれば、より少ない生活の快適さをすぐに実感できるはずです。家族がいる方であれば、家族にもいい影響を与えるでしょう。

リビングがスッキリすれば、よりリラックスして過ごせるかもしれません。寝室がキレイになれば、より睡眠の質が上がって疲れが取れやすくなるかもしれません。玄関やクローゼットがスッキリすれば、身支度が楽になります。そして、ご家族と一緒にいる時間がより楽しくなるかもしれません。日常のストレスが減り、不要なモノが身の回りにないことで、気持ちが落ち着いて作業に集中できるようにもなります。

ここでも重要なのが、広い範囲でやらないことです。「ここからここまで」と範囲を決めて、「スモールスペース」でやるようにしてください。

（家の中でよく使う場所の例）

玄関の靴置き場、リビングの机、寝室のベッド周り、お風呂場、トイレ、洗面所、クローゼットなど、あなたが一日の中でよく使う場所を片付けましょう。

③ 大量にある捨てやすいモノから片付ける

三つ目の方法は、一度あなたのお部屋を見渡してみて、何が一番多いかを見定めてみてください。洋服や靴、カバン、化粧品、本、郵便物など、同じようなモノが大量にあると思います。ここでも重要なのは、**捨てにくいモノは徹底して後回しにしていくことです。とにかく簡単に捨てられるモノ、これなら惜しみなく手放せるモノから処分していきましょう。**

人によっては、何百、何千個のモノを処分する人も出てくるでしょう。それだけ大量のモノが一気に片付くと、部屋の雰囲気はガラリと変わるはずです。

僕はいろいろなミニマリストさんを取材する機会があり、その多くは、大量にあるモノから捨て始める傾向があります。大量のモノを処分すればお部屋がスッキリするのは間違いないですし、大量のモノを処分できたという大きな自信にもなるでしょう。

（大量にモノが増えやすいモノ）

靴、傘、文房具、郵便物、チラシや新聞、本、書類、レシート、カード類、アクセサリー、ハンガー、衣類、ハンカチ、タオル、化粧品、レジ袋、保存食、ストック、試供品、食器、調理器具、タッパー、掃除道具、インテリア雑貨、電池、医薬品、診察券、工具、充電器、充電ケーブル、など

ぜひ今回ご紹介した三つの方法を、あなたの好みに応じて実践してみてください。とにかくこの三つの方法を繰り返すことです。繰り返しになりますが、重要なポイントは**一番簡単な問題から取り組んでいく**ということです。大事なのはとにかく行動し始めることであり、モノを手放す習慣を身につけ、小さな成功体験を積み上げていくことです。そして自信がつけば、どんどん勢いに乗って手放すのが難しいモノに挑戦していけるはずです。まずは、小さな一歩から始めましょう。

work

今から15分間、いらないモノがないか家の中を点検しましょう。

04 どうしても捨てられないモノと向き合う

モノをしばらく手放し続けていくと、いずれ難しい決断を迫られるようになります。今までは「捨てるのが難しいモノ」は後回しにしてきましたが、家の中のモノが減っていけばいずれそれらのモノに立ち向かわなければいけません。きっと、**「なくてもいいけど捨てられないモノ」**や**「捨てると後悔しそうなモノ」**があるはずです。これが、ミニマリズムを実践する上で最大の難関となります。ただし、すぐにこれらのモノを処分しようとせず、また少しずつできるところから始めるのがベストな選択です。

僕がいろいろなミニマリストの方とお会いする中で、とくに「捨てるのが難しい」との声が多かったのが、思い出のモノ、人からもらったモノ、子どものモノ、高価なモノ、書類、電子機器などです。ここでは、それらの「捨てにくいモノ」の向き合い方をご紹介していこうと思います。ポイントは次の四つです。

①「使う」か「使わない」かで判断する
②「保管箱」に一定期間保管して、「持たない生活」の疑似体験をしてみる
③すべて一箇所に出し、ベストなモノだけに厳選する
④手放した方がいい理由を考えてみる

僕は、捨てようかどうしようか迷った時、この四つのポイントにしたがってモノを選別することが多いです。一つひとつ紹介していきましょう。

①「使う」か「使わない」かで判断する

極論ですが、**「捨てて今の生活に支障が出るモノ」は残すべきで、そうでないものは捨ててしまっても今まで通り生活はできます。**僕がまず考えるのは、「今の生活」に必要かどうか、それはつまり今の生活で使っているかどうかです。もし使っていないのであれば、この先も使うことはないので迷わず手放すようにしています。

もし処分するのがもったいないと感じるのであれば、使ってくれる人に譲ったり、中古ショップやネットで売るのもいいと思います。あなたが今まで大切にしてきたモノを、また別の誰かが使ってくれたら、受け取った人が幸せになれるからです。そして売った場合は、得られたお金であなたが本当に必要なモノを買うのもひとつの方法です。

②「保管箱」に一定期間保管して、「持たない生活」の疑似体験をしてみる

捨てるかどうしようか迷うことはよくあるはずです。そんな時に潔く捨てられる人もいれば、なかなか捨てられない人もいるでしょう。そんな方にオススメなのがこちらのやり方です。**捨てるか迷ったモノを、一定期間使わずに生活をしてみてください。**保管箱を用意し、目の見えない場所に収納して、それがない生活を疑似体験するのです。そして実験期間が終わったら、「なくても生活ができる」のか「今の生活には必要だった」と判断することができるでしょう。そして多くの人は、保管箱に収納してから数カ月経った時にはその箱のことすら忘れていると思うので、手放すのも簡単になっているはずです。

この実験の目的は、「絶対に必要」「なくては困る」という先入観を見直すことです。多くの人は、モノに対して先入観を持っています。その先入観を見直す方法が、「持たない生活」の実験です。**この実験期間中に心の整理ができて、本当にあなたにとって必要なモノかどうかを判断できます。**そして自分がどこまでモノを少なくできるのか、わかるはずです。堅く考える必要はありません。ただの実験です。捨てるかどうか迷った時は、それを持たずにしばらく暮らしてみれば答えは自然と見えてきます。

③すべて一箇所に出し、ベストなモノだけに厳選する

多くの人がミニマリズムを実践して挫折するのは、ゼロか１００かで考えるからです。**ゼロと「少ない」は意味が全く違います。**僕もすべての持ち物を処分したわけではありません。かといって、持ち物すべてを残したわけでもないのです。大事なことは、**持ち物に優先順位をつけ、ベストなモノだけに厳選するということです。**一番思い入れが強いモノ、価値あるモノ、人生に意味を与えてくれるモノを残しましょう。多くのモノの中からベストなモノだけを厳選すれば、残されたモノたちの価値がさらに高まります。より大事に扱い、残されたモノにより多く触れることができるようにもなるので、あなたの人生を今まで以上に豊かにしてくれます。

あなたにとってとくに大事なモノは、「残してもいい」と決めてください。ミニマリズムを実践しようと決めたのはあなたであり、誰に強制されたわけでもありません。あなたはあなたのためにミニマリストになろうと決めたはずです。自分らしいミニマリズムを創造していきましょう。その方が、きっとモノが少ない暮らしを楽しめるはずです。

④手放した方がいい理由を考えてみる

多くの人がなかなかモノを手放せないのは、「手放すと不幸なことが起きる」と思い込んでいるからです。つまり、「手放さない方がいい理由」ばかり考えてしまいます。物事は何事もメリットとデメリットがあります。したがって、**捨てようか迷ったモノがあったら、「捨てた方がいい理**

由」を考えてみてください。そのモノを手放してみたら、どんないいことが起こりそうでしょうか。あなたの人生はどんなに良くなるでしょうか。

このように「持たないメリット」に目を向けてみると、意外にも簡単にモノを手放せることがあります。モノを持つメリットと、モノを持たないメリットを天秤にかけた時、どちらが自分にとって価値ある選択かを判断してみてください。**モノを捨てる習慣を作るには、「捨てない言い訳」から捨てる必要があるのかもしれません。**

以上四つのポイントから、あなたが実践しやすいモノを取り入れてみるといいと思います。これらのポイントを踏まえてモノを手放していくと、「モノが少ない快適さ」を実感できるはずです。家から無駄なモノがなくなっていくと、本当に必要なモノのためのスペースができていきます。必要なモノは増やし、不要なモノは処分する。その繰り返しです。ですので、処分しようと決めたモノはいつまでも放置してはいけません。すぐに面倒になってまた散らかった部屋に逆戻りしてしまうからです。

手放すのが難しいモノと向き合っていくと、自分の生活をより深く理解できるようになります。そして、自分にとって必要なモノが明確になっていき、自分にとって「十分な量」「適正量」がわかるはずです。

僕が目指しているのは、**自分の生活に必要なモノを適正量持つことで多くのことを成し遂げ、最高の人生にすることです。**僕が今までに数多くのモノを手放して気づいたことは、生活に必要なモノは意外と少ないということです。そのことがわかった時、僕は物欲から解放されて、自由になれた気がしました。モノを手放せば、そんな風に自由な人生を送ることができます。

work

今から15分間、気になる場所を片付けましょう。

05 大きいより小さいがベスト

よく世間では**「大は小を兼ねる」**と言いますが、僕はこの考え方に疑問を持っています。この意味は、**「大きいモノの方が、小さいモノよりも使い道が広くて役に立つ」**です。確かにそうだと思います。大きい方が使い道は増える。ただ僕がここでお伝えしたいことは、デメリットもあるということです。

「大きい」ということは、そのぶん「スペース」や「空間」があるということです。**人間は、何もないスペースを見つけると何かを入れたくなる心理が働きます。**

例えば、大きい車や大きい家を持っていたらどうでしょうか。収納スペースがたくさんあり、モノをたくさん置きたくなるはずです。したがって、モノが増えれば部屋は散らかりやすくなり、家事や探し物で時間に追われる生活になるでしょう。

そして**大きいモノを買うということは、それだけお金がかかります。**わかりやすい例で言えば、車は大きくなればなるほど購入費だけではなく、ガソリン代や税金もかかります。家も同じで大きければ大きいほど住居費が高くなり、一軒家の場合はさらに税金や修理費、維持管理費などにお金がかかってしまいます。

モノを減らしていけば、そこまで大きいモノは必要としません。収納が必要なくなるからです。**その空間に何を入れたいのか、どれくらいの大きさが必要なのかを的確に判断すれば、無駄に大きなモノを買わなくて済むのです。**持ち物を小さくすればするほど、生活がどんどんコンパクトになって生活にゆとりが生まれます。大事なことは、**「大きい」モノを買うことではなく、「必要十分」な大きさのモノを買うことなのです。**

そしてもうひとつ、世間では**「備えあれば憂いなし」**ということわざがあります。意味は**「普段から準備しておけば、いざという時何も心配いらない」**ということです。ですが多くの人は、不安になりすぎてモノを持ちすぎているようにも思えるのです。はたして、何着も洋服は必要でしょうか。何個もレジ袋やハンガー、食料のストック、趣味のモノ、キッチン用品、家具収納は必要でしょうか。

僕は、**多いより少ない方が快適に暮らせるような気がしてなりません。**確かに、モノがたくさんあればいざという時に役立ちます。ですが、「いつか」のためになんでもかんでもモノを蓄えていたら、家中「いつかのモノ」だらけになってしまいます。

大事なのは、当然「今の生活」です。僕はストックはひとつまでと決めており、なるべく「いつか」のためのモノを持ちません。**必要になった時に、そのモノがなくて困った時に、買うように**

しています。この生活を3年以上続けていますが、何も困ったことはありません。むしろ、必要な時に買うようにしてから、出費が減って節約になっているのです。

「いつか」のためにモノを持ちすぎている人は、「お得なモノ」に目がなく、ポイントやセール、割引などでまとめ買いをします。でも実は、**「お得」なように見えて、あなたは「損」をしているのです。**たとえセール品だとしても、まとめ買いをしてしまえば支払金額は当然高くなります。つまり、あなたのお金は買ったぶんだけ減っているのです。

でも、必要な時にひとつだけ買うようにすれば、結果的に手元にお金が残ります。**一番の節約は、買わないことです。**「お得なモノ」に目がない人は、企業の戦略や広告にうまく乗せられて、セールの度に大量のモノを買い、お金を失い続けています。これがいわゆる、**安物買いの銭失いです。**

僕がここでお伝えしたいことは、**大きいモノを買うより小さいモノを買う方が、そして多くのモノをまとめ買いするより必要なぶんだけ買う方が、生活の質が上がるということです。**浮いたぶんのお金を、もっと価値あることに回せるようになるからです。自身の成長や経験、家族や友人のためにお金を使えたら、どれだけ生活が豊かになるでしょうか。モノの大きさや量だけでは幸せは計れないのです。

06 モノを買っても幸せになれない

僕は社会人になってから、とにかくお金が欲しくてたまりませんでした。僕は母子家庭で育ち、買いたいモノがずっと買えなかったからです。稼いだお金で、欲しいモノをなんでも買っていました。

本や洋服、文房具など、もう十分なくらい持っているはずなのに、「足りない」「欲しい」と思って買ってしまう。今あるモノでも十分暮らせるはずなのに、新しいモノに目がない。結果的にモノが増えるので、収納や大きな家具も必要になる。

そんな風に、**モノをたくさん買う習慣が身についていると、モノとお金がもっと欲しくなります。**「今の会社だと収入が低い、お金が足りない」と思って転職しても、給料はそれほど上がりません。むしろ下がってしまうこともあるでしょう。

僕は当時、収入を上げるために借金をして、高額の情報商材に手を出し、詐欺にあったこともありました。**僕の手元に残ったのは、大量のモノと借金だけ……。**「なんでこんなに買ったんだろう」というモノばかりが残りました。
あなたもこのような経験があるかもしれません。モノを買えば買うほど、物欲が刺激されて欲望はエスカレートしていき、もっといいモノが欲しくなる。でも、**お金が足りないことに気がつき、心が満たされないのです。**

多くの人は、「生活に必要なモノ」と「欲しいモノ」の区別がつかなくなっています。これを区別しないと、どんどんモノを溜め込むことになります。僕が買い物の時に意識するポイントは、**「これがないと生活が困る」**モノと**「これがなくても生活はできる」**モノを区別することです。**「ないと生活が困るモノ」は必要なモノで、「なくても生活ができるモノ」は欲しいモノです。**

とにかくミニマリストになって自由に身軽に暮らしたいのであれば、必要なモノだけを買い、欲しいモノは買わないと決めることです。**持ち物を必要最小限まで減らせば、本当の安心感や幸福感で満たされるはずです。**なぜなら、「これだけのモノがあれば十分暮らせる」「今あるモノに感謝」「もうお金を必死に稼ぐ必要がない」と思えるからです。

もちろん、この持たない暮らしをずっと続ける必要はありません。でも、一度体験するだけで人生観は変わります。欲しいモノを買うのは、それからでも遅くはありません。

僕はモノを買うために必死で働いていました。**もっと働かないといけない、もっとお金が必要だと思い込んでいたのです。**そのことが原因で、本当にやりたかったことや叶えたい夢を犠牲にしても、好きな人と一緒にいられなくても、仕方のないことだと諦めていました。そして、新しいことにチャレンジしたいと思っても、いつもお金が足りなくて諦めてしまうのです。したがって、どんどん心の中が空っぽになっていきます。

　ここであなたに知っていただきたい言葉があります。僕が尊敬する元ウルグアイ大統領のホセ・ムヒカさんの言葉です。彼は「世界一貧しい大統領」として世界的に有名になりました。彼がそんな風に言われた由縁は大統領時代、月収１００万円以上あったにも関わらず、そのほとんどを貧しい人のために寄付し、夫婦二人暮らし、月10万円で質素に暮らしていたことが、いつしか「世界一貧しい大統領」と呼ばれるようになりました。そんな彼が言った言葉が**「貧乏とは、少ししか持っていないことではなく、無限に欲があり、いくらあっても満足しない人のことだ」「私は自分を貧しいとは思っていない。今あるモノで満足しているだけなんだ」**と述べたのです。僕がこの言葉を聞いた時、心の奥にズドーンと響きました。**貧乏は、少ししか持っていないことではなく、「心が貧しいこと」なんだと。**

　ミニマリストはよく「貧乏人」と思われがちですが、そうではありません。確かにお金に困って節約目的でミニマリストを目指す人はいますが、結果的に貧乏ではなくなります。

　理由は簡単で、ミニマリストになるとお金にゆとりが生まれるからです。「貧乏な人」とは、お金に困っている人のことを言います。そしてホセ・ムヒカさんの言葉を借りれば、「心が貧しい人」です。ミニマリストはどちらにも当てはまりません。**ミニマリストは必要なモノしか買わないので支出が減り、お金には困りません。一見貧乏に見られがちですが、実は心の中は豊かな状**

態なのです。

大量消費社会の中で、消費するのが当たり前になった時代だからこそ、一度立ち止まって、消費しないでも幸せに生きる方法を考えてほしいと思います。そう、そんな時代でも幸せに生きる方法こそが「ミニマリスト」です。

僕は今でこそYouTubeで月１００万円を稼げるまでになりましたが、ミニマリストになってからはモノをほとんど買っていません。昔の僕であれば、欲しいモノをひたすら買い、家賃の高いタワーマンションに引っ越し、高級車を乗り回していたでしょう。でも今僕がそうしないのは、そういうモノでは心が満たされないことを知っているからです。むしろ、お金に追われた生活になって心が貧しくなることを学んだからです。

work

次のテーマについて、自由にノートに書き出してみましょう。

①ないと生活が困るモノは何でしょうか?

②なくても生活に影響がないモノは何でしょうか?

07 遺品整理、生前整理から学んだこと

僕は２０１９年夏、祖母の生前整理をしました。祖母が介護施設に入り、もともと住んでいた賃貸アパートを解約するために、部屋の荷物を片付けることになったのです。母から「片付けを手伝ってほしい」と連絡があったので、軽い気持ちで行ってみると、そこにはとんでもない量のモノがありました。当時ミニマリストだった僕は、思わず「なんてひどい暮らしなんだ」と思ってしまったくらいです。

玄関は足の踏み場もないくらい靴があり、キッチンには大量の食材や食器の山、リビングには大量の本やチラシの山があり、そして寝室には４５０着を超える洋服があったのです。

僕は初め、ミニマリストとして３０００個以上のモノを手放してきた実績があるので、楽に片付けられると思っていました。１週間くらいで十分終わるだろうと思っていたのも束の間、なんと３日でギブアップ。肉体的にも精神的にも辛くなってしまったのです。それでも４５０着を超える衣類を処分し、その他のモノもすごい勢いで特大ゴミ袋に詰め込んで、１０００個以上のモ

ノを処分しました。それでもまだまだ終わりは見えず、残りは母に託すことになりました。

僕がこの生前整理で学んだことは、**モノを溜め込むと周りの家族にも迷惑をかけるということです。**何も祖母を悪者にしたいわけではありませんが、これは僕が素直に感じたことです。**元気なうちに、必要ないモノは手放してほしいと思いました。**祖母は突然体調を崩して救急車で運ばれ、そのまま入院生活。そして退院したのち、介護施設に移りました。したがって、生前整理する時間はありませんでした。いつ何が起きるかわからないので、ぜひ元気なうちに部屋の片付けをしてほしいと思います。

僕の母が困っていたのは、契約書が見つからなかったことです。賃貸アパートだけではなく、固定電話などの解約手続きをするにも、どこに連絡したらいいのかもわからない状態で、一つひとつの書類を確認しながら相当な時間がかかっていました。**貴重品や契約書を一箇所にまとめて場所さえ伝えておいてくれれば、そのような苦労はせずに大事なモノ以外は一気に捨てられたでしょう。**片付ける時間も半分で済んだはずです。

モノを溜め込むことは、自分がこの世を去った時に残された家族や親族に迷惑をかけます。僕の母も、この生前整理を通じて「自分の子どもにはこのような思いはさせたくない。この生前整理が終わったら自分の持ち物も減らす」と言ってくれました。それほど辛く大変な作業だったということです。

そして僕はYouTubeの企画で遺品整理を手伝ったこともあり、全員口を揃えて言うのは、**「ど**

うしてこんなにモノがあるのだろう」という疑問と**「モノを溜め込まないでほしい」**という願いでした。

僕がここでお伝えしたいことは、**いらないモノやガラクタの山がなくなれば、家族にも迷惑をかけず、残りの人生がより穏やかに楽しく生きられるということです。**モノが多い生活は、片付けや家事が大変になるだけではなく、必要なモノも増えてしまうので家計を圧迫します。そして片付けようと思っても、肉体的にも精神的にもかなりの負担がかかります。そして部屋にモノが多いせいでホコリの量もすごく、体にも悪い環境だと感じました。そんな生活で、はたして老後生活を楽しめるでしょうか。

もっとモノを減らしてコンパクトに暮らせば、もっと余生を楽しめるのではないかと思います。昔は「モノを買うこと」が幸せでした。戦後間もない頃はモノも不足していたので、モノを買うことが最大の喜びだったのです。でも今は違います。モノを買っても昔のように幸せにはなれません。すでにモノで溢れているからです。現代は、**モノより体験です。**つまり、今は物欲を満たすことよりも、経験や成長、感謝、人との繋がりに幸せを感じる時代になったのです。

多くの人は、モノを手放すことで、同時に大事なモノも失うのではないかという不安を抱えています。ですが、**モノを減らさない方が大事なものを失います。**それは、家族の幸せであり自身の幸せです。本当に大切なのはモノではなく、大事な家族が幸せでいることであり、そしてあなた自身がより有意義に過ごすことだと思います。

家のモノを減らす作業は面倒ですし、肉体的にも精神的にも負担がかかるので後回しになりがちです。でも、**これからの人生を楽しく生きたければ、その苦難を乗り越えていかなければいけません。**千里の道も一歩からです。一歩一歩着実に歩みを止めなければ、いずれ大きな成果を得られるはずです。それはモノから解放された開放感でもあり、達成感、そしてこれからの人生を楽しむことで得られる充実感です。

まずは一歩踏み出すことから始めてみてください。今こそ、「買えば買うほど幸せになれる」という消費社会の誘惑を断ち切り、生活をダウンサイズしなければなりません。そのためには、**今まで「ない」モノに目を向けていたことをやめて、今あるモノに目を向けるようにしましょう。**あなたに必要なモノはすでに十分あるはずです。

work

15分間、ご家族と一緒に片付けをしてみましょう。

08 モノの多さが成功の証じゃない

僕は昔、何でも欲しいモノを手に入れている裕福な人たちの生活に憧れていました。だから僕も欲しいモノを好き放題買っていたし、周りからもっと認められたいと思って、派手にお金を使っていたのです。でも、なれるわけがありませんでした。むしろ裕福な生活からはどんどんかけ離れていったのです。**物質的なモノで「豊かさ」を表現しても、幸せにはなれません。**

昔の僕がなぜ派手にお金を使っていたのかと言うと、見栄っ張りだったからです。周りから賞賛されたい、認められたいという承認欲求が人一倍強かったのです。だから一生懸命お金を稼いでは、高価なモノを買いまくっていました。

そして収入が増えると、それだけたくさんのモノが買えるようになり、「もっといいモノが欲しい」と欲望はどんどんエスカレートしていきます。生活レベルも上がっていき、永遠に物欲が満たされることはありません。**派手に使えるお金があったとはいえ、僕は貧乏でした。**常に「お金がない」が口癖だったからです。僕は**「隠れ貧乏」**だったのです。

周りからはお金を派手に使う「お金持ち」に見えていたかもしれませんが、本当はお金に困っている状態でした。つまり、**モノの多さが成功の証ではないのです。かえって成功からは遠ざかってしまいます。**

もしかしたらあなたも、派手で贅沢な暮らしがしたいと思っているかもしれません。その生活は幸せそうに見えるかもしれませんが、必ずしも充実した人生を送っているとは限りません。昔の僕がそうだったように、贅沢三昧でお金を派手に使ってモノを買っても、全く心が満たされなかったからです。

お金があるかどうかは正直、あまり幸せには関係ないのかもしれません。むしろ、**物欲に縛られずに質素に小さく暮らしている方が、心穏やかでストレスが少ないのです。**僕がお手本とするべき人は、この質素で幸せに暮らしている人たちでした。

そこで僕は、「人からよく見られたい」と思って買ってきたモノをすべて処分し、自分らしく生きようと決心したのです。見栄を手放し、**「貧乏に見られてもいい」「身の丈の自分でいよう」**と自分の殻を破ることができました。

僕が「ありのままの自分で生きよう」と決めてから約3年が経ちました。今までにいろいろなことに挑戦し、多くのことを成し遂げ、いろいろな場所に行って、美味しいものを食べて、僕はこの3年で人生が大きく変わりました。元浪費家で、モノを溜め込むタイプの人間だった僕が、今こうして楽しい生活を送っているとは想像もしませんでした。**モノの多さが成功の証ではありません。自由でワクワクして生きるその姿こそが、成功の証なのです。**

僕は今後も「ミニマリスト」という生き方を貫いていくことで、そんな人生が続いていくと信じています。

work

洋服やアクセサリー、靴、時計などの身につけるモノ、
または高価なモノなど、見栄を張るために無理して買ったモノを
見つけて手放してみましょう。

09 生活の変化、喜びを周りに発信しよう

この本を読みながらミニマリズムを実践してくれた人は、何かしらの変化に気づいていると思います。大量の持ち物を手放してみて、モノが少ない生活をしてみて、考え方が変わったり、行動が変わったり、心の状態が変わったり、いい事が起きたり、何かしら得られるものがあったと思います。

ミニマリズムとはすべてを手放すことではなく、大切なものを手にすることです。**あなたがモノを減らしたことで何を手にしたのか、その喜びや経験をぜひ周りの人に話してみてください。**喜びは、他の人と共有することでその喜びが2倍になります。これがあなたのさらなるやる気を引き起こすのです。

どんなに小さな出来事でもいいです。捨てたモノの報告でも、片付けていたらお金が出てきたことでも、恋人ができた、仕事がうまくいった、貯金が増えた、就職が決まった……など、**嬉しかったことや生活の中で起きた変化を周りと共有することで、あなたの話を聞いた人たちの人生**

も好転していきます。

なぜなら、あなたと同じ喜びをその人たちも体験できるからです。そしてあなたは周りから感謝されるようになり、自分に自信が持てるようにもなります。さらに、**あなたと関わった人たちの人生が好転していくのを見て、あなた自身も幸せなことを再認識できるはずです。**

ミニマリズムはすべての人の人生を変えます。年齢や性別、国籍は全く関係ありません。この本を読んで実践していただければ、僕の言葉が本当であることがわかるはずです。ミニマリズムは、全世界共通の「人生を変える手段」なのです。

僕はYouTubeやTwitterを通じて、ミニマリズムの魅力を何年も発信し続けてきました。僕が経験した喜びや学びを周りに伝え続けた結果、それを聞いた人たちの人生も好転していきました。

今では毎日、何十通もの感謝のコメントが届きます。僕がモノを手放して得られた最高の喜びは、周りから感謝されるようになったことかもしれません。周りから感謝されることは、何かを成し遂げた達成感に勝るものがあります。皆さんが笑顔でワクワクしている姿を見たり、周りから「ありがとう」と感謝されると、心がホッコリして僕もまた頑張ろうと思えます。ぜひあなたにも、そのような体験をしてほしいのです。

買うモノを減らし、お金のかからない生活をしていると、自分にとって価値あること、意義あることに使える時間とお金が増えるはずです。もちろん自分のために使うのもいいのですが、人のためにも使ってほしいのです。**少し前のあなたが困っていたように、今あなたの助けを必要と**

している人がいます。あなたが手を差し伸べることで変えられる人生もあるのです。

周りに自身の経験や喜びを伝えることで喜びが2倍になり、周りの人生も変わる。周りから感謝され、応援される。ミニマリズムは、自分だけではなく周りの人生にも希望を与えてくれるのです。僕は、ミニマリストとして生きることが生きがいになっています。

work

次のテーマについて、自由にノートに書き出してみましょう。

①ミニマリストを目指す過程で、あなたが発見した嬉しい出来事はありますか？

②あなたが体験した出来事を、周りに伝えて共有しましょう。

10 モノを手放すことは新たな夢の始まり

ミニマリストを目指し始めてしばらく経った頃、もう捨てるモノがなくなってしまいました。必要最低限の暮らし。「僕もこれでミニマリストを名乗れる」と思ったのですが、何かモヤモヤしていたのです。しばらくそのモヤモヤが何なのかわからずに生活をしていたのですが、ある時ふと気づきました。**僕が叶えたかった夢って何だっけ？**

僕は捨てることに夢中になりすぎて、夢を忘れていました。そしてそのモヤモヤの原因がわかったのです。僕がまだ気づいていなかった、捨てなければいけないモノがあったのです。それは昔、夢を叶えるためにたくさん勉強して残しておいた本や教材でした。

英語を話せるようになりたいと思って英語の教材を買い、心理カウンセラーになりたいと思って心理学の資格を受けたので、その教材が残っていたり、他にもいろんなモノがありました。**本や教材は、今まで自分が思い描いてきた夢の数だけ増えていきます。**

僕は、これらをどうしても捨てることができなかったのです。なぜかといえば、僕にとって本や教材は努力の証であり、夢そのものだったからです。それらを手放すことは夢を諦めた気持ちになり、今まで学んできたことや体験、成長、功績までもがなくなる気がして、自分の価値もなくなると思っていました。

しかし冷静に考えてみると、たとえそれらのモノを手放したところで、大切な記憶や功績、思い出はずっと心の中に残り続けます。そして本なら簡単に手に入ります。

だから僕は、**勇気を振り絞って夢とは関係のない本や教材をすべて処分し、夢を叶えるために必要な本だけを残したのです。**

僕の夢はセミナー講師になって、今までの知識や経験を人のために活かすこと。当時の僕は、「ミニマリズムの魅力を広めたい」と思っていました。だから、しばらく英語の教材や心理学の教材は使う予定はなく、「いつか」使うことはあっても、「今の自分」は使いません。

とても精神的に辛い作業ではありましたが、モヤモヤしていた気持ちがなくなり、手放したあとは清々しい気分でした。**モノを手放すことは、ある夢の終わりを意味します。**僕にとって、英語をペラペラ話せる自分になること、そして心理カウンセラーになる夢がここで絶たれたのです。

でもそれと引き換えに、本当に心から叶えたかった「セミナー講師になる」という夢に改めて挑戦できるようになったのです。いろんな夢に埋もれていた「セミナー講師」という夢を、再発見することができました。**モノを手放していくと、自分が今まで気づけなかった情熱に気づけることがあります。**僕は、モノを手放したことで新たに打ち込める夢が見つかったのです。

そして今、僕は職業こそ違いますが「YouTuber」として、セミナー講師のように自分の知識や経験を人のために役立てるという夢を叶えました。そして、YouTuberとして結果を出したことによって、講演やセミナーの依頼も来るようになりました。僕の念願だった夢が叶ったのです。**あの時、「昔なりたかった自分」を手放して良かったと思いました。**本当に叶えたい夢を叶えるために、犠牲を払う価値があったのです。

あなたの身の回りにも、まだ未練があるモノはありませんか？「こんな自分になりたい」「こんな生活をしたい」と思って残してあるモノはないでしょうか。

そして、心からあなたが叶えたい夢は何でしょうか。あなたが本当に叶えたい夢は、「過去になりたかった自分」に関連するモノで埋もれているかもしれません。**本当にその夢を叶えたいのであれば、「昔の夢」に別れを告げましょう。**

辛いかもしれませんが、手放すことで「これからなりたい自分」が見えてきます。手放すべきだとわかっていても手放せないモノにぶつかった場合は、**「これを手放すことで、もっと大きな価値あるものが手に入る」**と考えてみてください。より具体的に理想の未来をイメージすれば、簡単に手放せるはずです。

ぜひ、ガラクタの山に埋もれている大切な夢を見つけてください。そしてこの本を読みながらずっとその夢を心に留めておいてほしいです。僕が夢を叶えてきたように、あなたにも一番大きな夢を叶えてほしいからです。

モノをただ減らすだけがこの本の目的ではありません。大切なのは、もっと大きな人生を生きることです。それがすべての人の望みではないでしょうか。**夢を叶えた自分を想像し、ワクワクしながら生きてほしい。**あなたがミニマリストを目指す理由はそこにあります。あなたならきっとできるはずです。

work

次のテーマについて、自由にノートに書き出してみましょう。

①あなたが昔叶えたかった夢は何ですか?

②今のあなたは、どんな夢に挑戦したいのでしょうか?

③「今の夢」に無関係のモノを手放してみましょう。

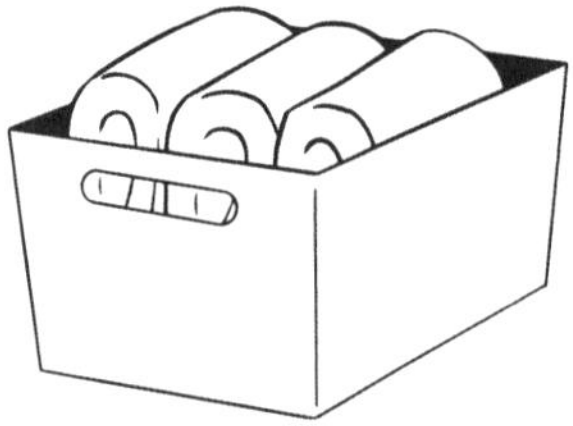

第3章
ストレスを減らす暮らし方

01 感謝の気持ちが心を豊かにする

不要なモノを徹底的に手放した僕は、次第に**「感謝の気持ち」**が芽生えてきました。「今あるモノはとてもかけがえのないモノで、こうして僕が生きていけるのは今あるモノがあるからだ」と感じたからです。

今までにない感覚でした。モノをたくさん溜め込んでいた時の僕は、そのような感謝の気持ちを味わったことがありません。むしろ昔は、持ち物を雑に扱い、新しいモノをどんどん買い込む。そして今まで持っていたモノが徐々に部屋の隅に追いやられていました。

人間は、どんなに幸せなことも慣れてしまう生き物です。例えば、ご飯が食べられること、仕事があること、友達がいること、家族がいることにどれだけの人が今、感謝しているでしょうか。僕たち人間は「感謝の気持ち」を忘れやすく、どんなに幸せなことでも毎日同じように繰り返されると「当たり前の出来事」として何も感じなくなってしまうのです。

ですが僕の場合、難病で働きたくても1年間無職・無収入だった経験や、３０００個以上のモノを手放してみて、「当たり前」だと思っていたことが「とてもありがたいこと」だと気づくことができました。モノを手放した時、仕事を失った時、恋人と別れた時、病気でご飯を食べられなくなった時、大切な友達と離れ離れになった時、つまり**「今まであったもの」が突然なくなると、その価値や大切さに気づけるのです。**もしも今この瞬間、あなたの仕事がなくなったら？　家族がいなくなったら？　持ち物や食べ物がなくなったらどう感じるでしょうか。

多くの人は、本来幸せなことが「当たり前のこと」のように過ごしています。だから、「自分は幸せではない」と勘違いし、「ないものねだり」をして心が貧しくなっています。もっといい仕事に就きたい、もっといいモノが欲しい、もっと広い家に住みたい。嫌なこと、辛いこと、失敗したこと、できないことに目を向けがちです。

大事なことは、**今ある幸せを感じること**です。「幸せを今以上に求めるな」と言っているのではありません。まず今、幸せを感じてほしいのです。**一日一日、幸せを感じながら生きることができれば、幸せな毎日がずっと続きます。**足るを知り、好きなこと、楽しいこと、嬉しかったこと、できることに目を向けましょう。

僕が難病で人生どん底だった時、何もかも失いました。仕事も恋人も、健康も貯金も。**そんな辛い時こそ、大事なのが感謝することでした。**人が不幸に見舞われた時、なかなか感謝の気持ちは出てきません。愚痴の一つや二つ、出てくると思います。でも、そんな時こそ感謝するのです。無理矢理にでも、感謝できるようなことを見つけてください。**感謝の気持ちは、人を前向きにさ**

せ、広い視野で物事を見られるようになり、逆境に強くなります。さらには自身の幸運さにも気づけるかもしれません。

あなたは「コップ半分の水」のお話はご存じでしょうか。あなたの目の前に、コップの半分だけ水が入っています。それを見て、あなたは「少ない」と感じますか？　それとも「十分ある」と感じますか？　これは、**「足りない部分」**に目を向けるか、それとも**「ある部分」**に目を向けるかで感じ方が変わります。

でも、今どんなに辛い状況にいる人でも、幸せなこと**「も」**あるはずです。「コップの中に半分の水が入っている」という事実はひとつでも、見方を変えれば見える世界が変わります。つまり、**幸せとは「手に入れる」ものではなく「感じるもの」であり、自分が「幸せになりたい」と思った瞬間から幸せになることができます。**今まではただ単に「ない部分」に意識が向いていただけなのです。もちろん、人生辛い時ほど感謝することは簡単なことではありませんが、人生を好転させるいいキッカケになります。

感謝する習慣を身につけるために、ぜひワークを毎日繰り返してみてください。一度、読み進めるのをやめて、次に紹介するいずれかのワークをやってみましょう。これらは実際に僕がやってきた実践ワークになります。

work

次のテーマについて、自由にノートに書き出してみましょう。

・今日一日を振り返り、良かったことや嬉しかったことを見つけ、感謝する。

・過去に体験した最高の思い出を振り返り、感謝する。

・あなたが今一番感謝したい人を思い浮かべ、その人への感謝の気持ちを書いてみる。

・過去に苦労した体験から学んだことを書き出し、感謝する。

・今日の失敗から学んだことや気づいたことを書き、成長できたことに感謝する。

いかがでしょうか。実践ワークをする前と後で、あなたの心の状態はどう変化しましたか？

きっと、ほんの少しプラスの状態に傾いたはずです（気分が悪くなった人はいないはずです）。つまり、**感謝の気持ちを持つことで内側から心が満たされ、幸福感や満足感を味わうことができるのです。**このプラスのエネルギーが、苦しい状況を打開する勇気や活力にもなります。そして、心が満たされているからこそ、今以上の幸せを求めなくてもよくなり、頑張らなくてもいいのです。

きっと多くの人は、もっと幸せになろうと必死だったはずです。昔の僕もそうでした。仕事も、恋愛も、健康維持も、人間関係も。でも、もう今まで以上に頑張る必要はありません。なぜなら、あなたはすでに幸せだからです。幸せなこともあるはずだからです。**当たり前のことにこそ感謝する。**その気持ちさえ忘れなければ、心穏やかにストレスも少なく生活できるはずです。

02 やりたくないことリストを書き出す

自分のやりたいことがハッキリわかっている人は、簡単にあなたらしいミニマリズムを発見できると思います。今自分がいる現在地から目標地まで、最短距離で到達できるようなミニマリズムを見つければいいからです。

その一方で、人生でやりたいことがそこまでハッキリわかっていない人もいます。なんとなく「こんなことがしてみたい」という願望はあっても、なかなか行動に移せない人が多数派だと思います。もしもあなたが多数派の人間であるならば、最初のうちは「本当に大事なモノ」「あなたにとって価値あるモノ」を見つけるのに苦労するかもしれません。

そんな人も、**まずは今すぐに手放しても大丈夫なモノを減らすことから始めてみてください。**モノを手放していくと、少しずつあなたがやりたいこと、ミニマリストになる目的も見えてくるはずです。

そして、それと同時に**「あなたがやりたくないこと」も考えてほしいのです。**「やりたいことはなんですか？」と聞かれた時に思いつかない人も、「やりたくないこと」「嫌なこと」「やめたいこと」であれば書ける人も多いはずです。これを書き出すことによって、**今の自分が何にストレスを感じているのか**が明確になります。そして、どうしたらそれらのストレスの原因を減らせるのかを考えてほしいのです。これがまず、あなたが「やるべきこと」になります。

ストレスを少なく心穏やかに過ごすためには、「やりたくないこと」を極限まで減らし、そして「やりたいこと」や「好きなこと」を最大限増やすことです。

ですがここで注意すべきポイントがひとつあります。あなたは**「出入り口の法則」**をご存じでしょうか。「出入り口」は、「入り出口」とは言いません。僕がここでお伝えしたいことは、**まず「出すこと」「減らすこと」「手放すこと」から始めてほしい**ということです。

大半の人は、やることが多すぎです。仕事もして、家事も食事もして、その上今から新しい行動習慣を身につけようとすれば、あなたはいずれパンクするでしょう。疲れ果て、ストレスを感じ、「やりたい」と思ったこともすぐに忘れて諦めてしまうはずです。つまり、何か新しい価値を手に入れたければ、まずは「減らすこと」が大事なのです。無駄なことを減らしてからの方が、「やりたいこと」が身につきやすくなり、チャンスを掴みやすくなります。

出入り口の法則とは、手放すことで新しい良いことが入ってくる法則です。今の生活でマイナスに感じていることを減らすと、あなたにとってプラスのことが入ってきます。

例えて言うならば、今のあなたは大量の水を含んだスポンジです。どんなに頑張っても、もうこれ以上に水を吸うことはできません。水はどんどん古く汚れていき、次第に悪臭を放つようになります。したがって、新しい水を吸うためには、今含んでいる古い水を絞り出す必要があるのです。そうすれば、新しくて新鮮な水をたくさん吸収することができます。

そしてもうひとつ例を出しましょう。今あなたの目の前に、真っ黒に汚れた大きな貯水池があるとします。この池を綺麗にしたい場合、あなたならどうしますか？　きっと汚れた池の水を抜くことから始めるでしょう。そして汚れた水を抜くことで、そこには汚れの原因となっていたゴミがあり、取り除くことができます。さらにはそこにお金が落ちていたり、綺麗な魚を発見できたりもします。あなたはこの落ちていたお金を意味あることに使うこともできますし、落ちていたガラクタを売ってお金にすることもできます。さらに綺麗な魚を大切に育てたいと思えば、新鮮な水を池にためて育てることもできます。

手放すことは、本当に大事なモノを手に入れる手段です。無駄なモノや悪習慣、嫌な仕事、余計な人づき合い、情報を手放していきましょう。それらを手放すことで、あなたを豊かにしてくれます。

あなたは今、両手いっぱいの荷物を持っている状態です。何か新しいモノが欲しいと思っても、もうこれ以上持てません。**何か新しいモノを手に入れたければ、今持っている荷物だけではなく、「やめたいこと」「やりたくないこと」を手放す必要があるのです。**

work

次のテーマについて、自由にノートに書き出してみましょう。

①あなたがやりたいこと、好きなことはありますか？

②今の生活でやりたくないことはありますか？

③あなたがそれらの目標を叶えるためにできる最初の一歩は何ですか？
どういうステップで叶えていきますか？

03 「やるのが怖いこと」ほど、あなたが心からやりたいこと

僕には昔、怖いことがありました。仕事を辞めること、YouTubeを始めること、貯金を崩すこと、人との繋がりを断つこと、本音を言うことなど、「やろう」とすると心が締めつけられるように苦しくなるのです。あなたにもそのような経験はありませんか？　やりたいけど怖くてできないこと。やめたいけど怖くてできないこと。

怖くてできないことが多ければ多いほど、僕たちは「我慢」し、ストレスを感じます。つまり、**「怖くてできないこと」ほど、あなたが心の底からやりたいことなのです。** 人間は、我慢をすればするほど、自由さを失います。

なぜ怖くなるのかといえば、過去の体験が原因です。あなたが失敗したこと、そして親や先生から怒られたことは、辛い過去として記憶に残ります。そしてあなたはその教訓として、**「〜してはいけない」「〜するべきだ」** などの「自分ルール（価値観）」を作っていきます。

例えば、「わがまま言わないの！」「人に迷惑かけたらいけません！」「無駄遣いばかりして！　貯

金しなさい！」などと、親や学校の先生から言われませんでしたか？　そんな体験が自分ルールを作っていきます。

あなたは、どんな人に怒ったりイライラしたりしますか？　最近、どんなことに怒りましたか？　あなたが怒った出来事は、過去のあなたが昔、親や学校の先生、上司、恋人などから怒られたことではないでしょうか？

あなたが怒りの感情を抱いた時、きっとあなたは「あの人、身勝手すぎる」「自己中だ」「ワガママな人だ」と思ったのではないでしょうか？　でもそれは、**あなたもワガママに自分の好きなように生きたいけど、我慢しているからそう思ったのです。**

もしも自分がワガママに生きると、周りを傷つけたり、嫌われたり、失敗したり、怒られたりするかもしれないので行動できません。そんな中で、「あなたのルール（価値観）」にしたがわないワガママな人間を見ると、我慢できずに怒ってしまうのです。「そんなことしてはいけない」「やめたほうがいい」「周りから嫌われてしまうよ？」と注意したくなります。でも実際は、あなたがそれをすると怖くて怖くてたまらないのです。

嫌われたくない、失敗したくない、迷惑をかけたくない、怒られたくないと思って、自分の行動に制限をかければかけるほど、あなたの心は貧しくなります。自分も周りの人間も、欠点だらけに見えてしまうからです。でもそれは、**周りのせいではなく、自分が勝手に作ったルールが原因です。**このルールを壊すことが、自分らしく生きる第一歩になります。

「ワガママ」で生きることは、「我がまま」なのです。つまり、「自分らしく」「ありのまま」という意味です。**我がままに生きる人、自分勝手に生きる人こそ、自分らしく自由に生きる人なのです。**

ワガママに生きることは、とても怖いことです。ですが、僕が「僕らしさ」を認められるようになると、「あなたらしさ」も認められるようになります。長所も欠点も、すべて含めて「ありのまま」を受け入れられるようになります。つまり、「みんな違って、みんないい」のです。

人はどんなに努力しても、迷惑をかけずに生きることは不可能です。全員に好かれることも不可能です。だったらもう、**開き直って自分らしく生きてしまおうと僕は決めました。**

やりたいことはやる、やりたくないことはやらない、言いたいことはハッキリ言う、好き嫌いをハッキリすることで、僕は僕らしく生きています。きっと自由な僕をみて、イライラする人もいるでしょう。でもそれでいいのです。周りがイライラしても、それは僕の問題ではなく相手が勝手に作ったルール（価値観）が原因だからです。

そして、**そんな自由な僕を見て「好き」と思ってくれる人がいるのも事実**です。もちろん、ワガママに生きることで、周りを傷つけたり、批判されたり怒られたりすることもあります。ですが、人の顔色ばかり伺っても怒られることはあるし、そんな自分を嫌う人もいます。だから結局は、自分らしくワガママに生きることが一番ストレスが少なくて済むのです。

自分らしく自由に生きて、それでも好きになってくれる人を大切にする。そして嫌いになる人は相手にしない。**「来るもの拒まず、去る者追わず」**のスタイルに切り替えてから、僕の周りには好きな人しか集まらなくなりました。

　でも決して誤解しないでください。法律を犯して迷惑をかけるとか、会社の規則を破れとか、そういうことを言っているのではありません。目的は、**「自分で作ったルール」を一度でいいから破ってみる**ことが重要なのです。「知らない自分」を知りましょう。それが「本当の自分らしさ」かもしれないからです。

　ワガママな人を見てイラッとしたら、あなたも同じようにしてみてください。そういう自分でいても嫌われない、失敗しない、不幸なことが起きない事実を知ってほしいのです。そして、その先をどう生きるかはあなた次第です。好きな方を選んでください。あなたが生きたいように生きてください。

　大事なことは、自分ルールを破った自分を知ることなのです。そして、自分が生きやすいように自分らしく生きることがとても重要なのです。

work

次のテーマについて、自由にノートに書き出してみましょう。

①あなたは誰に対してよくイライラしますか？
どんな行動にイラッときたのでしょうか？

②そこには、どういう「自分ルール」が隠れているでしょうか？
「〜すべき」「〜しなければいけない」といった決まりごとがないですか？

③一度だけ、そのルールを破って自分も行動してみましょう。
実際にやってみての感想はいかがでしょうか？

04 「できない理由」を探すなら、「できる理由」を探せ

僕がここ3年で、多くのことを達成できるようになったのは、とにかく行動してきたからです。

昔の僕は、頭では「やった方がいい」「やめた方がいい」とわかっていても、何かと言い訳をつけて行動しませんでした。いいえ、**自分に自信がなかったから、「できない理由」ばかり考えて行動できなかったのです。**行動しなければ、何も変わりません。失敗を恐れていては、夢は遠のくばかりです。

ぜひあなたにも、夢を叶えてほしいと思っています。そのためには、**あなた自身が自分の可能性に目を向けなければなりません。**多くの人は自分のことを過小評価し、「足りないもの」にばかり目を向けてしまいます。自身の能力やスキル、容姿、人脈、健康、貯金、収入、時間……などに可能性を感じていないのです。それでは何も行動できません。

あなたは今、「できない」「無理」「難しい」が言い訳になっていませんか？　では、**あなたが「できること」「簡単なこと」は何でしょうか？**そこに人生を切り開くヒントが隠されています。

ひとつ、**あなたの可能性を開く実験**をしてみたいと思います。大事なことは、疑わないこと、そして子どものようにワクワクして楽しむことです。

それでは今から、**あなたの指を伸ばす体感ワーク**をしてみたいと思います。この実験は、可能性を伸ばす素質があるかどうかを見極める実験で、とある企業の採用面接にも使われたものです。

まずは、両手の手首の線を同じ高さで合わせながら、手のひらを合わせてください。合掌のポーズです。次に、どちらの指が長いか、どちらの指が短いかを確認してください。両方同じ長さの人もいると思いますが、大半の人はどちらかの指が短いはずです。そして、短かった方の手だけを顔の正面に持っていきます。同じ長さだった人は、伸ばしたい方の手を顔の正面に持ってきます。手のひらを顔に向けてください。

次にあなたがすることは、目をつぶり、心の中で「伸びろ！　伸びろ！」と唱えながら、目の前にある指が伸びるイメージをして欲しいのです。十回「伸びろ！」と唱えたら目を開けて、先ほどと同じように両手首の線を合わせ、合掌をしてみてください。不思議なことに、先ほどよりも短かった方の指が少しだけ長くなります。では、どうぞ。

いかがだったでしょうか。短かった指が伸びた人がいるはずです。おめでとうございます。指が伸びた人は、これからどんどん可能性が伸びていく素質があります。

そして今回残念ながら指が伸びなかった人も、心配する必要はありません。この実験の目的は、実は指を伸ばすことではなく、**「自分の可能性に気づくこと」「自身の可能性を信じて行動するこ**

と」だからです。

今回の実験で指が伸びた人は、自身の可能性に気づけたことでしょう。そして今回指が伸びなかった人は、可能性を信じることから始めてほしいのです。今回指が伸びなかった人は、半信半疑で体感ワークをしてくれたはずです。ほんの数%の可能性を信じたのではないでしょうか。何より大事なことは、**自分の可能性を信じて「やってみる」ことなのです。**

僕が初め、ミニマリズムに対して半信半疑で疑いながらモノを減らしたように、まずはやってみる。失敗したっていいんです。

ここでいくつか、僕が実践してきた可能性を伸ばすコツを話していきます。ところで、**「ノミの実験」**はご存じでしょうか。体長が約2ミリしかない、あのノミです。ノミはその小さい体で30センチほどの高さまで跳べるそうです。実に体長の１５０倍の跳躍力です。人間で例えるならば、１７０センチの人は２５５メートルの高さまで飛ぶことができます。

それはさておき、そのノミを10センチの高さのコップに入れてフタをするとどうなるでしょうか。ノミはコップの高さよりも高くジャンプすることができません。しばらく時間を置き、フタを外すとどうなると思いますか？　もうフタはないはずなのに、10センチしか跳べなくなってしまうのです。**あなたもこのノミの実験のように、自分の可能性にフタをしていませんか？　過去の失敗から自分にブレーキをかけていませんか？**

そしてこの実験にはまだ続きがあります。この10センチしか跳べなくなったノミを、もう一度高くジャンプできるようにするためにはどうしたらいいのでしょうか。それは、もう一匹、30センチ跳べるノミをコップに入れることだそうです。それにより、「跳べないノミ」は「跳べるノミ」の姿を見て徐々に高く跳べるようになるのです。

あなたはこの「ノミの実験」を聞いて、どう感じましたか？　僕は、「できない」「無理だ」「難しい」と自分の可能性にフタをするよりも、限界を決めずに挑戦しようと思いました。あなたは、「自分なんてこんなもんだ」と限界を決めつけていませんか？

では、この現実世界であなたにできることは何でしょうか。それは**成功している人や自分の可能性に挑戦している人とできるかぎり一緒にいることです。**つまり、そういう人と交流することで「自分もやればできるんじゃないか」と気づき、行動が変わっていきます。**すべては自分の可能性を信じられるかどうかが大事なのです。**行動はいずれ習慣になり、習慣が変わることで人生が変わります。

そしてもうひとつ、僕が実践してきたことがあります。「できない」「無理だ」「難しい」を禁句することです。その代わり、**「できる」「簡単」という言葉を意識的に使うのです。**言葉が変われば意識が変わり、そして行動も変わります。「できること」「可能なこと」「簡単なこと」を見つけて何でもやるようにしてください。言葉だけではなく、有言実行が大事です。「できないこと」に目を向けず、「できること」から始めてみましょう。

work

次のテーマについて、自由にノートに書き出してみましょう。

①あなたの身近に、成功している人や
可能性に挑戦している人はいませんか？
②その人たちは、どこに行けば会えるでしょうか？
③あなたがやりたいことのために、
今から簡単にできることは何でしょうか？

05 成功したいなら、思考と感情を前向きに

言葉や意識は、行動だけでなく感情にも直結します。では実験をしてみましょう。まず、あなたが**「苦手な人」**をイメージしてもらいます。そして、その人の名前を紙に書いてください。では、今からタイマーで3分間測り、なぜその人のことが「苦手」なのか、その理由を書き続けてみてください。では、どうぞ。

書き終わりましたか？　では、今の自分の感情に意識を向けてみてください。あなたは今、どんな気分でしょうか。いい気分ですか？　それとも悪い気分ですか？

そして次に、あなたがこの世で一番**「好きな人」**をイメージします。その人の名前を紙に書いてください。同じく3分間で、好きな理由を書き続けてみてください。3分間書き続けたら、自分の感情に意識を向けてみてください。いい気分ですか？　それとも悪い気分ですか？

さて、この実験を通して「あなたの感情」は、「いい気分」「悪い気分」のどちらかに傾いたはずです。言葉や思考は良くも悪くも、これだけ感情を変えるのです。

そしてこの実験を通して、もうひとつ証明したかったことがあります。先ほど書いた紙を見てください。3分間でそれぞれ書き出した「苦手な理由」と「好きな理由」、どちらが多く書けたでしょうか。きっと、「苦手な理由」の方がスラスラ書けた、という人が多いのではないでしょうか。

この実験で証明したかったことは、**多くの人は無意識の中で「ネガティブな言葉」を多く使いがちということです。**人間は、意識しないと前向きな言葉が出てきません。つまり、**あなたが普段、気分が悪かったり、イライラしたりするのは、あなたが使う言葉や思考に原因があるのです。**

そして繰り返しになりますが、言葉や思考は感情を作り、行動にも直結します。もしも思考や感情がネガティブな状態になれば、結果的に悪い結果を引き寄せてしまいます。例えば、悪口ばかり言っていたら時間だけが過ぎ、その人から学べることはありません。しかし、良いところを探せる人は、その人から学べることを吸収し、行動に繋げ、成長することができます。

したがって、**もしもあなたがいい結果を残したいのであれば、できるかぎり思考や感情を前向きにしなければいけません。**思考や感情を変えるのはとても簡単です。先ほどの実験でも証明したように、「言葉」を変えればいいのです。そして、**ネガティブな言葉を手放すのです。**

それでも始めは、どうしても批判や否定といったネガティブな言葉が出てしまう人も多いと思います。もしもネガティブな言葉が出てきたら、**「リフレーミング」**という手法を使うことをオススメします。**リフレーミング**というのは、簡単に言えば**「視点や発想を変えて肯定的な意味づけをすること」**です。

例えば、「頑固」と聞くと「頭が固い」と思われがちですが、その一方では「自分の意見や考えを持っている」とった良い側面があります。他にも、あなたが失敗した時に自分を責めたり後悔したりするかもしれませんが、「失敗したけど、挑戦した証拠」「失敗したからこそ学べることがある」と前向きに捉えることもできるはずです。

こんな風に、物事の見方や考え方を肯定的な意味に変えてみることで、あなたの世界観を一瞬で変化させることができます。**もしあなたが自分の欠点ばかりに目を向けていたり、失敗で落ち込んでいても、このリフレーミングのスキルが大いに役立つはずです。**欠点も、失敗も、逆境も、挫折も、負の要素が減り、あなたの学びや成長に変えることができます。つまり、**意識的に肯定的な言葉にすることでポジティブな心理状態になれば、自己肯定感がますます高まり、次のステージに成長させてくれる可能性を広げてくれるのです。**

work

次のテーマについて、自由にノートに書き出してみましょう。

①あなたの長所・魅力は何ですか？

②あなたが思う自分の欠点を書き出し、その言葉をリフレーミング（肯定的な意味に変換）してみましょう。

③最近失敗した出来事を思い出し、リフレーミングを使って肯定的な出来事にしてみましょう。

06 人は、自身の成長に喜びと幸せを感じる

いきなりですが、ワークをしていただきたいと思います。その前に、今のあなたの心の状態を10点満点で評価すると何点でしょうか。このワークを通じて、どれくらいあなたの心の状態が変わるのかを試していただけたらと思います。

さて、今からあなたにやっていただくワークは、**「一年前のあなた」と「今のあなた」を比較して、どれくらい成長したのかをできるかぎり書き出す、**というものです。一年間で、どんなことを経験し、どんな成果を残し、何を学び、何ができるようになったのか、どんな良いことが起こったのか、どんな成長を遂げたのか、この一年を振り返ってみてください。

書き終わりましたか？　では、今のあなたの心の状態は、何点になったでしょうか。きっと多くの人が、心の状態がよりプラスになったと思います。

一年間、良いことも、悪いこともあったと思います。ですがこうして、自身が成長した過程を振り返ってみると、心が満たされるのを実感できたはずです。これを毎日、毎月、毎年やってほ

しいと思います。僕が毎日欠かさず寝る前に行なっているワークが、この「**GOOD & NEW**」というワークです。

やり方はとても簡単です。GOODな出来事、つまり良かったこと、嬉しかったこと、楽しかったこと、感謝したことを書き出していきます。そしてNEWな出来事は、あなたにとって新しい体験、知識、学び、発見、成長があった体験を書き出していくのです。

このワークを繰り返していくことで、**すべての出来事に意味があると気づくことができ、そして成長し、一日一日の中で幸せを感じながら過ごすことができます。**

初めの頃は、「GOOD & NEW」を三つ見つけるのに時間がかかるかもしれません。なぜなら普段、僕たちは「ダメな部分」「できないこと」「失敗」「欠点」に意識が向きがちだからです。その習慣を見直すためにも、「良い部分」や「できること」「うまくいったこと」「成長」に目を向けていくのがこのワークの目的です。

僕はこのワークを何年も続けていますが、間違いなく心の状態も思考も変わり、そして行動が積極的になりました。行動が変わったからこそ、多くのことに挑戦し、大きな夢を叶えることができたのです。

このワークのポイントがもうひとつあります。それは、GOODな部分を見つけて「足るを知る」ことも重要ですが、NEWな出来事を書くためには、何か新しいことに挑戦しなくてはいけないということです。新しい学びや行動がなければ、あなたの成長は止まってしまいます。成長が止まってしまうとどうなると思いますか？　日々の生活が退屈に感じるようになるのです。

あなたにも経験はありませんか？　毎日同じ生活、毎日同じ仕事で、なんだかパッとしない。退屈で暇つぶしにＳＮＳを見たり愚痴をこぼす。そんな方は、何かいつもと違う行動を起こしてほしいのです。新しい経験をして、新しいことを学べば、それが新しい刺激となり、自身の成長に繋がるはずです。つまり、**人生において喜びと幸せを味わうためには、「足るを知る」と「自己成長」を感じることが重要なのです。**

work

次のテーマについて、自由にノートに書き出してみましょう。

①今日一日を振り返り、「ＧＯＯＤ＆ＮＥＷ」を三つ以上書き出してみましょう。

②今日から過去一年間で、あなたはどんな成長を遂げたでしょうか。何を経験し、何を学び、どんな成果を残し、どんな良いことがあり、何ができるようになりましたか？

07 「なりたい自分」になりきる

ミニマリズムに興味を持つ人の多くが誤解しがちなのが、「ミニマリズム＝減らすこと」「増やすこと＝いけないこと」だと思い込んでいることです。ですが、そのような決まりは一切ありません。大事なことは、**あなたにとって何が必要なのかを知ることであり、そして人生を楽しんで生きることのはずです。**すべてを手放す必要はもちろんありませんし、あなたにとって必要だと感じたものは遠慮なく増やしていいのです。

ミニマリストになったことで、人生が退屈になる、不便な生活を強いられるようではミニマリストになる意味がありません。僕は、不要な持ち物を徹底的に減らした後、**「なりたい自分に必要なモノ・コト・ヒト」を増やしました。**

あなたも一度想像して欲しいのですが、あなたの憧れの人は、どんなモノを持ち、どんな行動をして、どんな人とつき合っていますか？

僕はそこに、理想の人生を生きるヒントがあると思っています。**常に、あなたにとっての成功**

者から学ぶのです。成功者と同じモノを持ち、同じ行動習慣を身につけ、同じ人づき合いをすることで、憧れの人と同じような疑似体験ができます。

あなたは**「アズ・イフの法則」**をご存じですか？　これは、**「～のようになりたければ、～のように振る舞えばいい。それが現実になる」**というものです。つまり、あなたがもしお金持ちになりたければお金持ちのように振る舞い、幸せになりたければ幸せかのように振る舞うことで、それが現実になるのです。

そうは言っても、具体的にどう行動すればいいのかわからない、という人もいますので、具体的に僕が実践してきたことをいくつかご紹介します。

服装を変える

あなたの憧れの人は、どんな服装をしているでしょうか。僕は服を買う時、常にこのことを意識して買うようにしています。僕の夢はセミナー講師になること。だからすでにセミナー講師として活躍している人を参考にしながら、そういう人たちが着そうな服だけを買うようにしていました。とにかくなりきることが重要です。

持ち物を変える

あなたが理想とする人は、どんな持ち物を持っていますか？　どんなモノを大切にしているでしょうか？　普段持ち歩くモノや身につけるモノだけでなく、仕事道具や部屋のインテリアを変えるのも効果的です。僕は多くのミニマリストさんの持ち物を参考にして、こだわりのモノを揃えてきました。

☑ しぐさ、口癖、表情、姿勢、態度、行動を変える

あなたが一番憧れている人は、普段どんな言葉を使っているでしょうか。いつもどんな表情をしていますか？　あなたも普段のしぐさや話す言葉、行動を変えることで、あなたがなりたいと感じる理想像に近づくことができます。憧れの人、尊敬する人を見つけたら、僕はとにかく観察と分析を怠りません。

☑ 人づき合いを変える

人生がうまくいく人は、一体どんな人と交流するでしょうか？　きっと、切磋琢磨できる人や幸せな人、自己成長が好きな人との交流が多いのではないかと思います。僕も、彼らのように人づき合いを変えました。そして、憧れの人に直接会いに行くのも効果絶大です！

☑ 環境を変える

なりたい理想の自分に近づくためには、環境を変えることも大切です。住居環境や職場環境な

ど、理想の自分はどのような場所に住み、どのような職場で働いているでしょうか。環境が変われば、行く場所や会う人はもちろん、時間やお金の使い方も必然的に変わるでしょう。

いかがだったでしょうか。なりたい理想像は、誰しもがあると思います。ただ多くの人は、目指す前から「難しい」「不可能だ」と諦めてしまいます。そこを、**あたかもそうなったかのように振る舞ってみましょう。**

堅く考える必要はありません。もっと柔軟に考えてください。**誰しもが子どもの頃にしていた「ごっこ遊び」感覚でいいのです。**ヒーローやお姫様になりきったあの時の気持ちを思い出して楽しんでください。

work

次のテーマについて、自由にノートに書き出してみましょう。

①憧れの人（理想のあなた）は、どんなモノを持っていますか？
②憧れの人は、どんなしぐさ、表情、口癖、行動をしていますか？
③憧れの人は、どんな人と交流していますか？
④憧れの人は、どんな環境にいますか？

08 お豆腐メンタルな僕のメンタルコントロール法

僕は今までに数百人のミニマリストさんと交流してきましたが、「ミニマリスト」を目指す方の多くは真面目で心が繊細な印象があります。周りに気をつかいすぎてメンタルが病んでしまったり、頑張りすぎて精神疾病を抱えていた方も多くいました。

僕もうつ状態や気分変調症という精神疾病を患っていた時期があります。昔からメンタルが弱く、でも真面目だから頑張ってしまうのです。心と体は正直です。もしもあなたが憂うつになりやすい、しんどい、だるい、モヤモヤするなどの症状が出ている場合は、何か嫌なことを無理して頑張っているかもしれません。

「病は気から」ということわざもあるように、心の持ちようが重要です。人生は山あり谷ありで、良いことばかりではありません。悪いこと、辛いことももちろんあります。ですが、前に進んでいくためにはできるだけ心の状態をプラスに、少なくともフラットな状態にしておきたいと僕は考えています。

そこで、僕がどのようにしてメンタルコントロールをしているのかをご紹介していきたいと思います。

☑何もせず、ゆっくり休む

心も体もしんどくて何もやる気が起きない時は、無理に頑張るのではなく、とにかく休むことが大事です。辛い時、苦しい時は、無理して頑張らないと決めてください。あなたは十分頑張っています。頑張ってきたからこそ、あなたは少し疲れてしまったのです。少し周りに助けを求めてはいかがでしょうか。自分一人で頑張るのではなく、時には周りに頼ることも必要です。このまま頑張り続けても、また体調を崩します。大事なことは、ずっと元気でいることではありませんか？　少し肩の力を抜いて、60％くらいの力でいいのです。

☑とにかく笑う

僕は心も体も疲れた時、積極的に笑う時間を作っています。例えば、好きなYouTube動画を見たり、お笑いを見て笑うようにしています。笑うことは、ストレス解消にも効果がありますし、人間の表情と感情は密接に繋がっています。

試しに今、１２０％全力で作り笑顔をしながら、１分間声を出して笑ってみてください。笑った後、心の状態が少しプラスになるはずです。

僕たちは、楽しいから笑顔になるのではありません。笑顔になるから楽しいと感じるのです。したがって、あなたが笑顔になるようなことをしてみるとよいと思います。美味しいご飯を食べる、面白い人と話す、笑える映画を観るなど、笑顔を心がけるのです。

☑ リラックスタイムを作る

ストレス解消には、癒しも必要です。僕はよく、散歩に出かけたり自然の多い場所、神社やお寺を訪れたりすることがよくあります。気分が落ち着くからです。

そしてメンタルの状態が良くないときは、体がジッとしていることが多いので血行が悪くなっています。少し体を動かして、自然に癒されてみてください。他にも、アロマなどの香りで癒されたり、音楽を聴いたり、ゆっくりお風呂に浸かるのもいいですね。

さらに僕は、毎晩ストレッチを欠かさず行っています。筋肉を伸ばして血行を良くするとスッキリして体が軽くなるからです。人間は、ストレスがたまると筋肉が硬直しがちです。寝る前にしっかり筋肉を伸ばしてあげると、安眠にもつながります。そして一日の終わりには脳も疲れている状態なので、脳のリフレッシュ効果のある瞑想を取り入れるようにしています。ぜひ、自分にとって癒される方法を見つけてみてください。

メンタルノートにひたすら書く

僕は頭がゴチャゴチャしてきたり、心が病みそうな時は、今自分が考えていることや悩んでいること、感じていることをすべてそのまま紙に書き出すようにしています。頭や心の整理をすることで、気分が落ち着いてくるからです。悩んでいる時は、思考がループしていることがあります。だから視野を広げるためにも、自分を客観視するためにも、紙に書き出すことが効果的です。

work

次のテーマについて、自由にノートに書き出してみましょう。

①心と体を休ませるために、あなたができることは何ですか?
②あなたが笑顔になれることは何でしょうか?
③あなたにとっての癒しは何ですか?
④あなたが今悩んでいること、思っていることをできる限り紙に書き出してみましょう。

09 100%やりたいことができる時間の使い方

国籍や性別、会社、収入、家族形態に関係なく、誰でも平等に与えられているものが「時間」です。一日24時間という時間が365日繰り返され、そして約80年という命が与えられています。**命は時間です。**多くの人は、時間が無限にあるかのように過ごしていますが、時間にはかぎりがあり、とても貴重です。僕たちは、この時間を、命を大切に扱わなければなりません。**普段あなたが「時間がない」と言い訳して、何もやりたいことができずにいるのならば、人生（命）を無駄にしていることになります。**こうして本を読んでいる今も、あなたは死に向かって刻一刻と時間が過ぎ去っているからです。失った時間は、もう取り戻すことはできません。では、人生を無駄にしないためにあなたができることは何でしょうか。それは一日24時間という有限な時間を有効に使うことです。一度、時間の使い方を見直してみましょう。**あなたが最低限生きていくのに必要な時間は、一体何時間でしょうか。**

まず、僕たち人間は寝なければ死んでしまいます。最低限必要な睡眠時間を仮に6時間としま

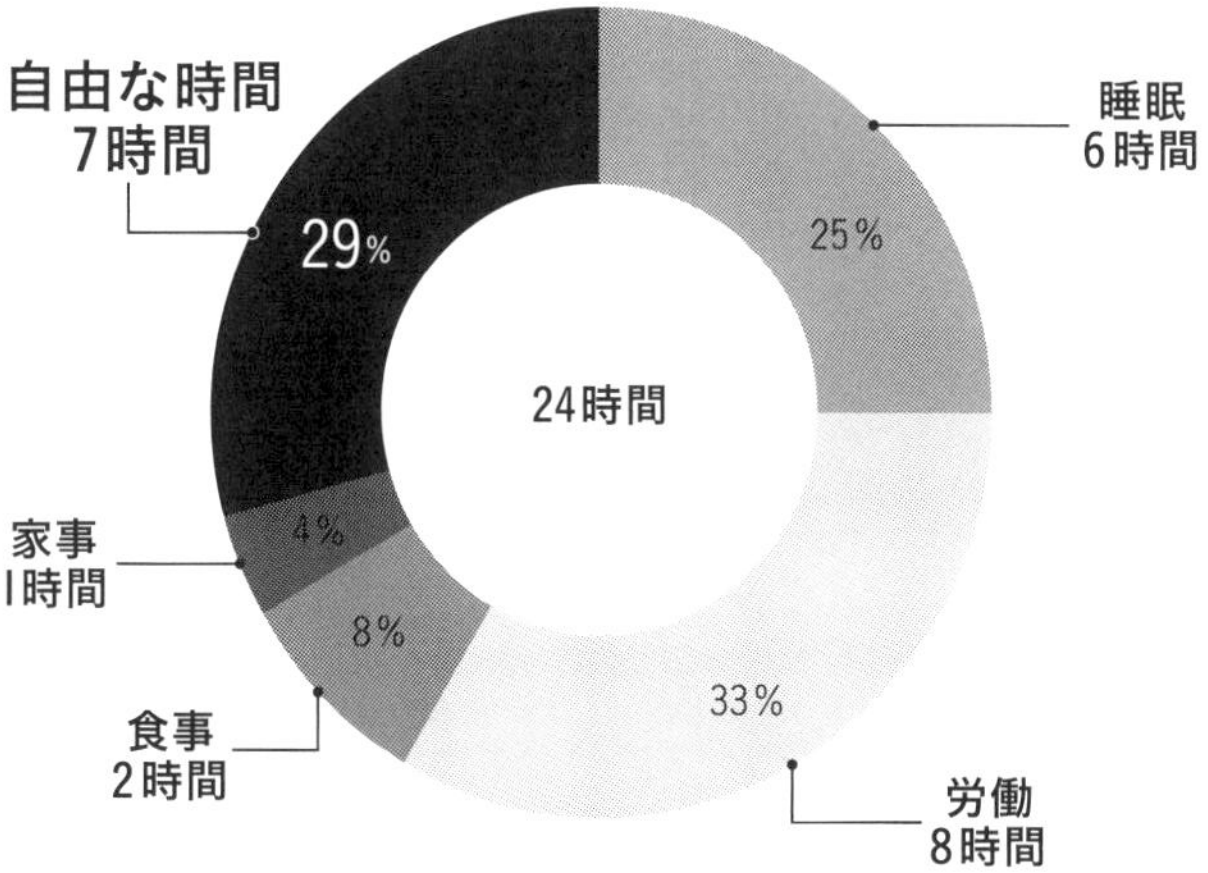

しょう。そして食事も摂らなければいけません。一日3食だとして、2時間（一食40分）必要と仮定します。また、僕たちはお金を稼がなければ生活ができません。最低限必要な生活費を稼ぐために、一日8時間働くとします。そして最後に、家事をしたりお風呂に入る時間を1時間とすると、合計17時間。**この17時間は、個人差はありますが人間が生きていく上で最低限必要な時間になります。**

さて、残った時間は何時間でしょうか。僕たちは「7時間」、自由に使える時間があります。**この7時間をどう使うかで、あなたの人生は大きく変わるのです。**

あなたは現在、この7時間を何に使っていますか？　必要以上に働いていないですか？　SNSを意味もなくダラダラ観ていませんか？　モノが多すぎて毎日探し物や片付け、家事に追われていませんか？　あなたは普段の生活で、この貴重な7時間をどれだけ失っているのでしょうか。もっと有効に使うべきです。

もしも今、お金が欲しいならば、この7時間で副業をすることができます。ミニマリストになりたいなら、7時間で部屋の片付けをすることができます。資格を取ったり、自己成長したいなら勉強時間にあてることもできます。人脈を広げたいなら、出会いの場に出向くこともできます。夢を叶えたければ、その7時間で挑戦すればいいのです。

あなたはもう、「時間がない」「お金がない」「経験・スキル・才能がない」「人脈がない」という言い訳はできません。あなたには、自由に使える7時間があるからです。

この7時間をどう使うのか決めているのは、あなた自身です。時間をどう使うのかはあなたの課題であって、周りの責任ではありません。あなたはこれから、貴重な時間をどう使いたいですか？　いえ、質問の仕方を変えるべきかもしれません。**あなたはこれから、貴重な時間をどう使うべきだと思いますか？**　あなたが本当にやりたいことは何でしょうか？　あなたはその7時間を使えばできるはずです。

work

次のテーマについて、自由にノートに書き出してみましょう。

①あなたの睡眠時間、食事時間、労働時間、家事の時間は何時間ですか？
②あなたに残された自由な時間は何時間あるでしょうか？
③時間を有効に使うために、あなたがまず始めるべきことは何でしょうか？

10 もし余命一年だとしたら何がやりたい？

あなたがもし仮に病気になったとして、**「余命一年」**と宣告されたら何を思うでしょうか？　僕たち人間は、残された時間（命）に限りがあることを知ると、本当にやりたかったことが見えてきます。裏を返せば、人は死ぬ直前にいろいろなことを後悔するそうです。

☑ あんなに働かなければよかった

お金欲しさにがガムシャラに働き続けて、人生の時間を無駄にしたと後悔する人もいます。仕事漬けの毎日だと、本当に大切なことを忘れてしまうのです。

☑ もっと家族や友達を大事にすればよかった

時間に追われてる毎日を送っていると、家族との時間が少なくなり、友人とも疎遠になっていきます。人は死ぬ直前、もっと家族や友人との時間を大切にすればよかったと後悔するようです。

☑ 本当の気持ちを伝えればよかった

「感謝の気持ち」や「反省の気持ち」を伝えられなかったと後悔する人もいます。また、多くの人が人間関係を円滑に保つために、本音を言おうとしません。ですが、いろいろなことに腹を立て、泣いて、不安になって、ストレスを溜め込んでいます。言いたいことが言えずに、結果として病気になってしまう人も多いのです。

☑ もっと挑戦すればよかった

人生が終わりに近づいた時に多くの人が最も後悔するのが、挑戦しなかったことへの後悔です。やりたいことや叶えたいことがあったけど、それらを犠牲に我慢してきたことへの後悔が強く残るようです。

人は、いつ命が尽きるのかわかりません。**あなたがもし余命一年だとしたら、これからの人生をどう生きたいと思うでしょうか。**僕たちは、人生がもう長くは続かないとわかるその時まで、本当にやりたいことが見えづらくなってしまいます。

僕は定期的に、余命一年だと仮定して**「やりたいことリスト」**を作るようにしています。このリストによって、本当にやりたいことが見えるだけでなく、一日一日を大切にして全力で生きられるからです。

今一度、あなたの命（時間）には限りがあることを知っていただきたいと思います。**「人生時計」というものはご存じでしょうか。人生時計というのは、あなたの一生を24時間で表したものです。**

0歳の時は0時00分で、80歳の時が深夜24時。80歳の半分である40歳がお昼12時で、さらにその半分の20歳が朝6時になります。つまり、「10歳」歳をとると3時間進み、「1歳」歳をとると18分進みます。**では、今のあなたは24時間で表すと何時何分でしょうか。**

【例】29歳の場合

29歳＝30歳－1歳
＝（3時間×3）－（18分×1）
＝9時間－18分
＝8時間42分

つまり、29歳を24時間で表すと朝8時42分になります。

【活動の力を蓄える期間】0歳～20歳

人生時計では、深夜0時から朝6時が、0歳から20歳にあたります。現実の生活で考えると、眠っている時間です。睡眠が人間の生命活動に欠かせないように、とても大切な時期です。朝起きてからの活動に備えて、しっかりとエネルギーを蓄えておかなければなりません。この時期にどれだけ有意義な時間を過ごせるかが、成人後の生活に大きく影響します。

【活発に動き、成長する期間】20歳〜40歳

人生時計では朝6時からお昼12時が、20歳から40歳になります。一日では午前中にあたり、眠って蓄えたエネルギーを生活で使い出す時です。最も活発に動ける時期なので、多くのことに挑戦して経験を積むことで、午後の人生を豊かにすることができます。また、40歳はまだ一日の半分なので、午後のプランを練ることも大事です。

【経験が実り、充実していく期間】40歳〜60歳

人生時計ではお昼12時から午後18時が、40歳から60歳になります。お昼休みにあたる12時に、午後の活動に備えてお昼ご飯を食べます。自分にとって身になるものを補給するのです。つまり、時間にすると1時間、年にすると約3年間で、あなたは次のステージに進むために必要な補給をするのです。人生の半分を振り返りながら、これからどう活動するかをじっくり考えるのもいいでしょう。あとは60歳を迎えるまで、補給したエネルギーをすべて発揮するのです。

【人生の楽しみを味わう期間】60歳〜80歳

人生時計では午後18時から深夜24時が、60歳から80歳になります。疲れた体をゆっくり休める時間です。そして一般的には、第二の人生にあたる期間です。自分のやりたいことを考えて趣味に打ち込んだり、友人と食事をしたり、心豊かな生活を送りましょう。満足して人生を終えるためには、今までの人生を振り返り、すべてに感謝することです。

そして、あなたが午前・午後の活動を通じて得た経験を、次の世代に繋ぐのもあなたの役目です。あなたの経験が、若者の道しるべになることがあります。

あなたの人生を人生時計にあてはめてみると、今の自分が何をするべきかが見えてきませんか？

極端かもしれませんが、僕はいつ死んでもいいと思っています。なぜなら、いつ死んでもいいように今を全力で生きているからです。死ぬ直前に後悔しないように、やりたいことをガムシャラにやるだけなのです。「やらずに後悔」より「やって後悔」の方が、人生最期を迎える時でも「いろんなことに挑戦してきたから悔いはない」と開き直れます。今できることを、全力でやりましょう。

work

次のテーマについて、自由にノートに書き出してみましょう。

①今までの人生で感謝していること、満足していることは何ですか？

②もし明日命が尽きるとしたら、「やっておけばよかった」と思うことは何ですか？　それを実現するために、何から始められますか？

③もしもあなたの余命が一年だとしたら、この一年で必ず成し遂げたいことは何でしょうか。

「死ぬ前にやっておきたいことリスト」を書き出しましょう。

第4章

その人づき合い やめませんか？

01 人生は周りの人間に影響される

僕はミニマリストになってから、人間関係も見直したいと思いました。モノと同じように、友人関係や交流が多ければ多くなるほど、時間とお金に追われるようになるからです。

まず僕が始めたことは、**連絡帳の見直し**です。学生時代からの友人や社会人になってから知り合った人の連絡先が昔は１００件以上あり、一人ひとりの関係性を確かめながら選別していきました。今では10～20人ほどの連絡先しかありません。僕は常に、**「今の自分」にとって大事な人しか残さないようにしています。**

人間関係は、環境の変化とともに、そして年齢とともに変わっていきます。一年で人間関係がガラリと変わる人もいるでしょう。でも、連絡先がいくつもあると「自分にとって誰が大事なのか」がわからなくなります。あなたにとって誰を優先させるべきなのか、ぜひ一度考えてみてください。

一年以上連絡をしていない人や親しくない人とは、もう連絡を取ることがないはずなので、そういった人たちの連絡先はもう消すべきです。**今後も継続的に連絡を取りたい人、家族、仕事関係の連絡先だけを残しましょう。**連絡先は、定期的に管理していかないと無限に増えていきます。はたして、普段あなたに連絡をしてくる人は何人いるでしょうか？　あなたが普段連絡をする人は誰でしょうか？　僕たちにとって大切な人間関係は、それほど多くありません。

もし仮に連絡先がすべて消えてしまったとき、この人だけは絶対に必要だと思う連絡先だけを残せば、あなたにとって大事な人しか残りません。人づき合いで大事なことは、**あなたが本当に大切にしたいと思う人を最優先するために、余計な人間関係を手放すことです。**

僕は不要な人間関係を手放したおかげで、大事な人にお金と時間を使えるようになりました。大切な人からの誘いを受けることもできるし、ご飯に行くことも、プレゼントを渡すことも可能です。

ですが、人づき合いが多ければ多いほどスケジュールは埋まり、大好きな人との交流も減ってしまいます。一人ひとりにかけられるお金も分散してしまうので、本来大切にしなければいけない人を喜ばせることができません。**あなたが本当に大切にしたい人に、幸せになってもらうために、喜んでもらうために、僕たちは人づき合いを見直していくべきなのです。**

次に僕が人間関係の見直しで実践したことは、**夢を叶えるために必要な人脈を築くこと**です。第1章で、あなたのやりたいこと、叶えたい夢・目標を明確にしました。その夢や目標を叶えるためには、どんな人が周りにいてくれたらいいでしょうか？

あなたの夢を反対する人、否定する人、邪魔してくる人が周りにいたら夢は叶うでしょうか？もしも本気で夢を叶えたければ、そういう人と距離を置く必要があります。僕たち人間は、普段つき合う人の影響を常に受けています。あなたの周りにはどういう人がいますか？

僕の周りには、僕を否定してくる人はもちろん、僕を嫌う人は誰一人いません。僕がそういう人と距離を置くようにしたからです。その一方で、僕を応援してくれる人、励ましてくれる人、夢に協力してくれる人が僕の周りにいます。そういう人と関係を築くためには、そういう環境に自ら飛び込まなければいけません。自ら会いに行くのです。

人生を変えたいなら、人づき合いを変えましょう。あなたにとって不要な人間関係を手放すことができれば、それだけ意味のある人間関係を築くための時間とお金が増えるので、むしろ豊かになるはずです。

work

次のテーマについて、自由にノートに書き出してみましょう。

①もし連絡先が消えた場合、連絡先がないと困る人は誰でしょうか？

②一年以上連絡をしていない人、親しくない人の連絡先を消しましょう。

③あなたはこの先、どういう人と人脈を築いていきたいですか？

その人はどこに行けば会えるでしょうか？

02 憧れの人、尊敬する人を探す

あなたにとっての「人生のターニングポイント」をいくつかピックアップしてみてください。そして、そこにはどういう人との出会いがあったでしょうか。周りにはどんな人がいたでしょうか。きっと、憧れの人や尊敬できる人、好きな人がいたはずです。**夢を叶えたければ、人生を変えたければ、そういう人を探さなければいけません。**

僕も今まで、人生の転機がいくつもありました。そのひとつが、メンタリストＤａｉＧｏさんとミニマリストしぶさんとの出会いです。僕が彼らに憧れた一番の理由は、人の役に立つことを情報発信して、自由に楽しそうに働いていたからです。僕も同じように働きたいと強く思いました。

僕が彼らと出会ったのは、体調を崩して一年間無職・無収入だった時でした。でも、彼らが僕に生き方の見本を示してくれたのです。そこから僕の人生は大きく変わり始めます。

彼らのようになりたくて毎日必死に勉強し、実践し、そしてYouTubeで発信活動も始めました。

そして今では、彼らと同じように人の役に立つことを情報発信して働いています。**僕たちは、誰の背中を追いかけるかによって生き方が変わります**。子どもが親の背中を見て育つように、僕たち大人も同じです。

あなたは今、誰を尊敬していますか？　誰に憧れていますか？　ぜひその人から多くのことを学び、吸収して行動して欲しいのです。

第3章でもワークをやりましたが、憧れの人のやることをマネするのです。その人になりきって行動すれば、その人と同じような体験ができるはずです。この本にも、僕が実際に行ってきた実践ワークが散りばめられています。ぜひ実践してみてください。

僕はしぶさんに憧れて、同じようにミニマリストになりました。彼の考えを参考にしながら持ち物を減らしたり、彼が持っているモノを買って実際に試したこともあります。そしてＤａｉＧｏさんに憧れて、人よりたくさん勉強するようになりました。僕が言うのもおこがましいのですが、やはり自分よりすごい人は、すごい理由があるのです。

もしもあなたが憧れの人のようになりたければ、なぜそうなれたのかを必死に学ぶ必要があります。そして、それを達成するためには諦めないことが重要です。

僕は、何度もYouTubeをやめたいと思ったことがあります。YouTubeを始めてから最初の半年間は無収入でしたし、うまくいく保証もありません。その上、アンチからの嫌がらせが来たり、思うように数字が伸びないこともありました。商標権の侵害で、動画を４５０本以上削除したこともあります。

でもこうして僕がYouTuberとして結果を残せたのは、結果が出るまで諦めなかったからです。途中で諦めたくなっても、「なんとかなる」「自分ならできる！」と信じてここまでやってこれたのです。

最初から結果が出る人はほとんどいません。失敗することもあるでしょう。そして誰でも何かしらの悩みを抱え、挑戦しています。僕もそうです。あなただけが辛いわけではありません。だから、途中で諦めたくなってもグッと我慢しましょう。人は追い込まれた時こそ、ピンチな時こそ、自分では予想もしないような力を発揮できます。さらには、周りが協力してくれたり応援してくれたりもします。

僕は、いろいろな苦労を抱えた人が、ミニマリストになるのを見てきました。そしてその人たちが様々な挑戦をして、急成長し、夢を叶えていくのを目の当たりにしたこともあります。もしもあなたが夢を諦めかけているのなら、この言葉を思い出してください。

あなたなら絶対にできる。諦めるな。

憧れの人の背中を追いかけて、夢を叶えていきましょう。

work

次のテーマについて、自由にノートに書き出してみましょう。

①あなたが憧れている人、すごいと思う人を書き出しましょう。

②その人から学べること、マネすべきところは何がありますか?

03 ネガティブな人とは距離を置く

多くの人が抱える悩み事のひとつが、人間関係だと思います。友人がたくさんいても、人脈が広くても、幸せになれるわけではありません。それどころか、**人づき合いが増えれば増えるほど悩みを抱えてしまう**と僕は考えています。人間関係のトラブルに巻き込まれたり、悩みを相談されたり、関係性を維持するのに時間とお金が必要になるからです。だから僕は、不要な人間関係を手放し、人間関係のストレスを最小限にすることにしました。

もしも今、肉体的または精神的に追い詰めてくるような関係、お互いに傷つけ合う関係、お互いの存在が不利益になる関係、あなたがやるべき大切なことの妨げになっているような関係をお持ちであれば、その関係を終わりにしなければいけません。**あなたにとって害になる関係を終わりにすれば、悩みが減って心が穏やかになるからです。**さらに、そういう人とのつき合いをやめることで、そのぶん浮いた時間とお金を本当に大切な関係に使うことができます。

大事なことは、多くの人と繋がることではありません。**少人数でも、大切にしたいと思える人**

がいること、信頼できる人、困った時に助け合える人、腹を割って話せる人がいることが重要なのです。僕は、そういう人が数人いれば十分幸せに感じます。

この章の後半でも述べますが、ご縁を広げることはとてもいいことです。ですが、重要なのは量ではなく質なのです。どういう人と繋がるか、交流するかがとても大切です。

僕がとくに人間関係で意識しているのが、相手が**「ネガティブな人間」**か**「ポジティブな人間」**かです。僕たちは、周りの人間に影響されて生きています。**あなたの年収や幸福度は、普段あなたの周りにいる人間が影響している**という研究データもあるくらいです。だから僕は、ネガティブな人や否定的な人、気の合わない人とは距離を置いています。その人たちに、影響されたくないからです。

あなたの周りには、不平不満ばかり言っている人はいませんか？　そしてあなたは、その人と一緒にいて人生は変わるのでしょうか。**不平不満ばかりで、周りを批判している人は心が貧しい上に、人生を変えることができません。**「変化」を周りに求めるばかりで、自分は何も変わろうとしないからです。もしもあなたがその人と一緒にいてしまうと、気分が悪くなったり、あなたもその人に影響されてネガティブ思考になったり、疲れてストレスを感じやすくなり、行動しない人になってしまいます。**変えるべきなのは周りではなく、自分です。**

まず僕は、そういった人たちとの関係をすべて断ちました。正直、罪悪感もありましたし、躊躇もしました。ですが今では、つくづく人づき合いを変えてよかったと思っています。

僕は今と昔で、つき合う人間がガラリと変わりました。昔は、会社の愚痴や友人・家族の不平不満ばかり言っている人たちとの交流が多く、今では自分の好きなことに夢中になっている人たちとの関係が多くなりました。どちらが豊かな人生を送れるか、一目瞭然ですね。**それは、僕自身もその人たちに影響されて、思考や感情、言葉、行動が変わるからです。**

気の合わない人、嫌いな人と一緒にいても、お互いにとってデメリットでしかありません。お金と時間を無駄にするだけではなく、本当に会いたい人と会えなかったり、新しい出会いが生まれないからです。「もしその人との関係がなくなったら、自分の人生はどんなによくなるだろう？」と考えてみてください。具体的に想像すれば、これからあなたが取るべき行動も自然と見えてくるはずです。

害になる関係は手放し、自分にとって大切な関係であれば、努力して維持していきましょう。あなたがこれからどういう人とつき合うかで、あなたの生き方そのものが変わります。

夢を諦めた不平不満ばかりの人たちと交流すれば、あなたも夢を諦めたくなるでしょう。しかし、**夢に向かって行動している人たちと一緒にいれば、あなたも夢に向かって挑戦したくなるはずです。**つまり、周りの人間があなたの生き方を示してくれます。あなたはこれから、どんな生き方をしたいでしょうか？

work

次のテーマについて、自由にノートに書き出してみましょう。

①あなたにとって心の支えになっている人は誰ですか？

②一緒にいて気分が悪くなる人は誰ですか？
その人との関係がなくなったら、
あなたの人生はどんなに良くなるでしょうか？

04 本音を言える人間関係を築く

僕はもともとメンタルが弱く、昔は周りの顔色ばかり伺っていました。相手の気分を損ねないように、常に気をつかっている状態です。でもそれは、本来の自分ではありません。偽りの自分として、相手に同調しているだけです。本当の自分ではないので余分に疲れるし、ストレスも溜まります。

もちろん、コミュニケーションを円滑にするために必要なスキルかもしれませんが、僕は心のどこかで**「自分らしく堂々と生きたい」「本当の自分を見てほしい」**と思っていました。

僕は昔、傷つくことが怖くて、自分に自信が持てなくて周りに合わせていたのです。あなたにもそのような経験はないでしょうか。**言いたいことが言えず、「本音を言ったら嫌われる」と思ったこと。**心は正直で、本音が言えないと心の中がモヤモヤします。

例えば、あなたがイライラした時や心の中がモヤモヤした時のことを思い出してみてください。きっとあなたは心の中で**「あの時あの人に〜してほしかった」「〜されたのがイヤだった」**みたいに思いませんでしたか？　でも、あなたはそれが言えずにモヤモヤしたのです。

別の例として、あなたが友人に悩みを打ち明けた時のことを思い出してみてください。あなたが思っていることや考えていることをすべて話し終わった後、心がスッキリしませんでしたか？　それは、あなたが心の中でずっと思っていたことを、外に出してあげたからです。

普段、あなたは自分の心の声を聞いてあげてますか？　言いたいこと、本音を言えていますか？　大事なことは、**できるだけ心の中の本音を出してあげることです。**言いたいことをしっかり口に出すのです。最初は怖いかもしれません。そんな時は、あなたの思いを紙に書き出すだけでも効果があります。

僕は、心も身軽な状態に保ちたいと考えています。だから僕は、誰とでも本音で話すようにしています。隠しごとはしません。家族や友人、仕事関係の人にもです。疑問に思ったこと、不安に感じたこと、心の中で思ったことを素直に口に出すのです。「嫌なものは嫌」「好きなものは好き」。それが自分らしくいられる手段であり、心の中が常にスッキリしている状態を作れるからです。モヤモヤしたくありません。

僕は、心の中のものすべてをさらけ出すようになってから、悩むことも減りました。**本音を口に出しても、それを理解してくれる人が集まるからです。**ですが、本音を言わずにいい人のフリをして、顔色を伺っているといろいろな人が寄ってきます。そして、気の合わない人や苦手な人との関係も増えていくので、余計に悩むことになるのです。

自分らしく生きましょう。ありのままの自分でいいのです。「素の自分でもいい」と思えた時、それが本当の自信になるはずです。

あなたらしく素直に生きることで、今までの関係性ではいられなくなる人もいるかもしれませんが、それはあなたにとって必要なことなのです。**本当のあなたを理解してくれて、そして好きと言ってくれる関係が増えたらどんなに素敵なことでしょうか。**その一歩として、自分の本当の気持ちを素直に伝えられる関係性を築いていきましょう。

work

次のテーマについて、自由にノートに書き出してみましょう。

①あなたの幸せに貢献してくれている人は誰ですか？
その人に感謝の気持ちを書いてみましょう。

②あなたが許せていない人は誰ですか？
その人に伝えたい思いは何でしょうか？
相手にどうして欲しかったのでしょうか？
何が嫌だったのでしょうか？

③本音を言える友人や家族、仕事仲間はいますか？
何か相談してみたいことはありますか？

05 言葉が変われば人間関係が変わる

僕は1年間無職・無収入だった時、**「何かを変えないといけない」**とずっと思っていました。メンタリストＤａｉＧｏさんやミニマリストしぶさんから学びつつも、何か物足りない。そこで僕が思いついたのは、心の勉強をしようと思ったのです。

僕は昔からメンタルが弱く、当時の僕は軽いうつ状態だったので、メンタルコントロール法などを学べば人生が変わると思いました。当時僕が目をつけたのはＮＬＰ（Neuro Linguistic Programing：神経言語プログラミング）という最新の実践心理学で、これがまさに効果ありだったのです。

ＮＬＰの講座では、様々な実践ワークが取り入れられています。その中でもとくに印象深かったのは、**「前向きな言葉」**を引き出すようなワークが多かったことです。そして不思議と講座が終わる頃には、受講生みんなが笑顔でニコニコしているのです。社会人になってから初めて、「楽しい」と思えた瞬間でした。

僕が社会に出てまもない頃、「批判」「否定」は当たり前で、社員同士もギスギスした状態。これが社会というものなのかと、受け入れるしかありませんでした。そして僕自身も、同じように「批判」や「否定」が当たり前となって、自然と笑顔がなくなっていきました。

しかし、**NLPの講座では、「承認」「称賛」「激励」が当たり前で、「否定」や「批判」が一切ありません。**僕の心はどんどん満たされていき、自信も取り戻していきます。今では、昔の僕とまるで別人です。言葉の力は、これだけ強力なものなのかと痛感した出来事でした。

自分がどんな言葉を発するか、そして自分がどんな言葉を受け取るかで、世界が変わるのです。

「世界」というと大げさに聞こえるかもしれませんが、本当に見ている「世界」が変わります。

第3章でも述べましたが、言葉は思考や感情と結びつき、そして態度や表情、姿勢にも表れていきます。あなたはどうでしょうか。表情が暗く、口角が下がって、時に眉間にシワが寄り、姿勢が悪くなっていませんか？

もしもあなたが今見ている世界が辛く、苦しいものだと感じているのなら、あなたがそういう言葉を使っていませんか？　「厳しい」「辛い」「難しい」「できない」「お金がない」といった後ろ向きな言葉です。

言葉は思考を作り、そして現実になります。だから僕は、この本でも様々な「前向きな言葉」を引き出すワークショップを用意しました。

あなたが普段から、「感謝の言葉」や「承認の言葉」、「激励の言葉」「前向きな言葉」が増えていくとどうなると思いますか？　今見ている世界がいいものだと感じることができ、そして間違いなく人間関係も変わるのです。

誰でも、「ありがとう」「いいね！」「絶対できる」「大丈夫」と周りから声を掛けられたら気分が上がり、笑顔も増えます。そして心が満たされ、自信もつきます。自信がつけば、周りから頼りにされたり、誰かの役に立とう、親切にしようと思えるようにもなります。だから、人間関係が良好になっていくのです。

まずは、あなたが普段使う言葉を変えてみてください。そして、**周りから受け取る言葉も変えるのです。**周りの環境を変えることは難しいと思うかもしれません。だったら、そういうコミュニティを作りましょう。

僕は、ＮＬＰという資格を受講したことで、「否定」「批判」から一時的に逃れることができました。そして、ワークを重ねるごとに心が満たされ、自信のついた僕は恋人ができたり、人間関係がうまくいくようになったり、起業したりYouTubeを始めたりもしました。

あなたも、そういったネガティブな言葉から離れてみてください。「言霊」という言葉があるように、言葉の力はとても強力です。ぜひ、普段から使う言葉を意識して変えてみてください。

work

次のテーマについて、自由にノートに書き出してみましょう。

①あなたの人生を幸せにしてくれた三つの出来事は何ですか？

②これから起きそうな楽しい三つの出来事は何ですか？

③今のあなたの生活から奪われたら嫌な幸せを三つ挙げてみてください。

06 見栄を張るから人づき合いに悩む

あなたにコンプレックスはありますか？　昔の僕にはありました。お金がなかったこと、見た目、体型、容姿など。だから僕は、そんなコンプレックスをなんとか隠そうと必死でした。貧乏を隠すためにブランド品を買い、見た目を良くするためにいろいろな化粧品や洋服を買う。さらには体を鍛えるために筋トレグッズやプロテインも買う。本当にひどい時は、見た目に自信がなくて一年間マスクをして出かけていた時もあります。

周りから認められたいと思うのは人間の本能ですが、無駄にモノを買いすぎる原因にもなってしまいます。そして、物質的なモノで満足感を得ようとするかぎり、絶対に心から満足することはありません。いくら頑張ってコンプレックスを隠そうとしても、自分の嫌な部分が次から次へと出てくるからです。

僕は、**ミニマリストとして身軽に生きるのであれば、この「見栄」を手放すことが一番だと思っています。**

昔の僕は見栄っ張りで、自分の弱点や欠点をさらけ出すことができませんでした。周りから批判・否定されて傷つくのが怖かったからです。自信も笑顔もなくなっていく。自分の「足りない」部分に意識が向いているので常に心が貧しい状態です。気分が落ち込んだり、イライラしたりすることもしょっちゅうでした。対人関係でも、「相手にどう思われているか」「影で何か言われてないか」が気になって仕方ありません。僕たちは、過剰に相手のことを意識し過ぎて悩んでいるのです。**もう、その窮屈な生き方をやめませんか？**

見栄を手放す最大のポイントは、**嫌われる勇気**を持つことです。「周りからよく思われたい」と思わない。「嫌われてもいい」と開き直る。これに尽きると思います。**相手がどう思うかは相手の問題であって、あなたが考えるべき問題ではありません。**あなたはあなたらしく輝いていれば、その魅力をわかってくれる人が必ず現れます。嫌う人は嫌うし、好きになる人は好きになるのです。そう思えた瞬間、僕は「相手が自分をどう思っているか」を気にすることがなくなりました。「嫌うなら嫌ってどうぞ」と開き直れたことで、自分の意見も言えるようになったし、次第に自信もついてきました。ありのままの自分が、周りから受け入れられるようにもなったからです。

僕は今でこそ堂々とYouTube活動をしていますが、やはり初めの頃はとても怖かったです。でもYouTubeを始めてから今まで、一度も「自分をよく見せよう！」と思ったことはありません。ずっと等身大でいこうと決めていました。なぜなら、**見栄を張って背伸びをした状態で続けるほど、自分が苦しくなるからです。**ずっと、嘘の自分を演じなければいけないのは、とても息苦しいことです。

だから、ありのままで勝負する。ありのままの自分で輝けたからこそ、僕はYouTubeをずっと続けることができたし、僕の魅力を知った方々が5万人以上も登録してくださったのだと思います。

もちろん、欠点や弱点を克服することも大事な時があります。欠点を克服して自信をつけたのなら、それはとても素晴らしいことです。ですが今、**あなたがもし弱点や欠点を克服することに疲れてしまっているのなら、やめる勇気を持つことも大事です。**

結局、自分は自分らしくいる時が一番楽なのです。そして、**本当に強い人間は、自分の弱さを受け入れた人間です。**「嫌われてもいい」と、その恐怖を乗り越えられた時、本当の自分らしさを取り戻すことができます。ぜひ一度、ありのままの自分でいられる幸せを、あなたにも感じてほしいと思います。そして、もしもあなたがもっと自分を成長させたいと思うのなら、欠点ではなく、まず長所を伸ばすべきです。その方が、自分の「ある」部分に意識が向いていくので心が満たされやすくなります。

work

次のテーマについて、自由にノートに書き出してみましょう。

①あなたの魅力や良さは何でしょうか？

②あなたが他人に知られたくない弱点、
隠したいコンプレックスは何ですか？

③あなたが自分らしく輝いていた時はいつですか？
そこから学べることは何ですか？

07 自分の欠点・弱点をさらけ出してみる

見栄を手放すためには、「嫌われる勇気」が必要だと先ほど述べました。ですが、なかなか嫌われようとするのも初めは難しいと感じるかもしれません。とても勇気が必要だからです。もしもあなたが「怖くてできない」と思うのであれば、もうひとつ方法があります。それは、**あなたの弱点や欠点をさらけ出すことです。**具体的には、あなたが隠したがっているコンプレックスや周りに秘密にしておきたい弱点を周りにも知ってもらうのです。

これにより、あなたは今まで自分を大きく見せようとしていたわけですが、**弱点をさらけ出すことによって等身大のあなた、つまり自分らしさを取り戻すことができます。**コンプレックスを隠す、欠点や弱点を見せたくないと思っているのは、自己否定している状態です。自分らしさを受け入れられていないのです。だから、まずは自分を受け入れる、自己受容することが大事になってきます。あなたの良いところも、悪いところも、「あなたらしさ」なのです。

まずは自分が、自身を認めてあげましょう。自分の隠したいコンプレックスを知り、受け入れるのです。第3章でもご紹介した**「リフレーミング」という手法を使って、あなたの欠点を肯定的な意味に変換してもいいでしょう。**

次に、ぜひあなたの弱点・欠点を周りに知ってもらいましょう。「自分は～が苦手」「自分は～がない」など、ただ伝えるだけです。僕は、昔働いていた職場の同僚に、病気で体もメンタルも弱いこと、お金がないこと、飽きっぽいことなど、自分の弱点を伝えたことがあります。すると、相手から返ってくる反応はとても意外なものだったのです。

僕が周りに弱点をさらけ出すと、周りが協力的になってくれたり、僕の弱点を踏まえた上で、優しく接してくれたりするようになりました。昔、自分を大きく見せて見栄を張っていた時は、絡みにくい人になっていて、影でこそこそ悪口を言われていたようです。ですが、自分の弱点や欠点をさらけ出したことで、親しみやすい人、言いたいことを言える人になれたのです。

周りが僕の弱点を理解してくれた上で、物事を教えてくれたり、サポートしてくれたり、話を聞いてくれる。その事実を知って、ホッと肩の荷がおりた感じがしました。僕は僕のままでいいんだ。もちろんこれから直さないといけない部分もあるかもしれないけど、**欠点や弱点も含めて「僕らしさなんだ」と前向きに自分を受け入れられるようになったのです。**

これは独自の理論なのですが、**「子犬効果」**と同じだと思っています。要は、弱点丸出しの子犬を見ると、守りたくなる心理が働くのです。

逆に、よく吠える犬には警戒して近づきたくないですよね？　昔の僕は、よく吠えて自分を強く見せている狂犬でした。だから多くの人は近づき難く、影で僕のことをコソコソ言うしかなかったのです。

ですが、子犬のように弱点丸出しでいると、周りの警戒心も解けて安心するので、親しみやすくなるのだと思います。

もちろん、弱みにつけ込んでくる人もいます。批判されたり、バカにされたりすることもあります。ですがそれは、見栄を張っている時でも同じです。結局人間は、どう生きても欠点は隠せないのです。であれば、**僕たちはもう見栄を張るのはやめて、等身大の自分で自信を持って堂々と生きるべきだと思います。**

貧乏でも、独身でも、離婚しても、容姿や体型に自信がなくても、実績がなくても、負い目に感じる必要はありません。幸せとは、手に入れるものではなく感じるものです。**自分らしさを受け入れ、自分らしく生きることにも幸せを感じてみてください。**

work

次のテーマについて、自由にノートに書き出してみましょう。

①リフレーミングを使って、あなたの欠点・弱点を肯定的な意味に変換してみましょう。

②自分の弱点や欠点を、周りに知ってもらうためにできることは何でしょうか？

08 「嫉妬の感情」をうまく利用する

あなたには嫌いな人はいますか？ もっと具体的に聞きます。**嫉妬する相手はいますか？** 僕も昔はよく、いろんな人に嫉妬していました。ですが、「嫉妬＝嫌い」となってしまうのは、とてももったいないことです。

例えば、男性であれば年収が高い人を見た時、筋肉がすごい人を見た時、女性にチヤホヤされている男性を見た時に嫉妬しませんか？

女性であれば、美人を見た時、スタイルのいい女性を見た時、若くて可愛い女性を見た時、男性からチヤホヤされている女性を見た時に嫉妬しませんか？

要は、**嫉妬とは「羨ましい。自分もああなれたらいいな」の裏返しの感情なのです。**この「嫉妬」の感情は、**「自分が今欲しいもの」**を教えてくれます。

年収や貯金、実績やブランド品、自由さ、賞讃、美貌、結婚など、人それぞれ何に嫉妬するのかは異なりますが、**あなたに「ないもの」を相手が持っている時、嫉妬の感情が出てきます。**つまり、もしあなたがその「足りないもの」を手に入れてしまえば、嫉妬の感情は出てこないのです。

僕は普段、この嫉妬の感情をうまく利用するようにしています。まずは嫉妬した相手をよく観察し、自分が何を欲しているのかを分析します。相手は何を持っていて、自分にないものは何か。**今の自分は何を手に入れたいのかを明確にします。**

あとは簡単です。**その人と同じものを手に入れるために、自身を成長させていけばいいのです。**どうしたらその人のようになれるのか、自分にマネできることは何か、何から始めたらいいのかを考えて実践していきます。

嫉妬した相手を嫌ってはいけません。あなたが嫉妬する相手は、あなたが今欲しいものを教えてくれ、あなたが成長するチャンスを与えてくれるからです。さらには、夢に挑戦する励みやモチベーションにもなります。つまり、この嫉妬の感情をうまく利用しない手はありません。

多くの人は、ここで過ちを犯します。嫉妬の感情を、相手の足を引っ張ることにエネルギーを使ってしまうのです。ですが、そんなことをしてもあなたの成長には繋がらないし、あなたの夢が遠のいてしまいます。

羨ましがっても何も始まりません。**その嫉妬の感情を自分の成長のために使うのか、それとも相手の足を引っ張るために使うのかによって、この先の人生が大きく変わります。**嫉妬で自分を見失ってはいけません。新たな自分に成長させるチャンスと思うべきです。

僕は今でも嫉妬することがありますが、その人を嫌いになることはありません。むしろ、どうしたらその人のようになれるのか、アドバイスをもらいます。**「僕もそうなりたいです。あなたのようになるには、どうすればいいでしょうか」**と。僕は今までに、何百回、何千回とアドバイスを求めてきました。だからこそ成長も早く、大きな実績を残せたのだと思います。

あなたは嫉妬した相手に、アドバイスを求めることはできますか？　変なプライドが邪魔して聞けませんか？　夢を叶えるためには、あなたが欲しいものを手にするためには、変なプライドは捨てるべきです。すべては自分の成長のため、夢のためです。若い人からも積極的に学び、実績や経歴がなくても良いところを盗み取り、すべて自分の成長に繋げていく人だけが、大きな成功を掴み取ることができます。

work

次のテーマについて、自由にノートに書き出してみましょう。

①最近、あなたはどんなことに嫉妬しましたか？

②嫉妬した相手にあって、あなたにないものは何でしょうか？
（あなたが望んでいるものは？）

③あなたが望むものを手に入れるために、できることは何がありますか？

09 奇跡的な「ご縁」が僕の人生を変えてくれた

僕が「ご縁」を意識するようになったのは、２０１９年のある事件がキッカケでした。２０１９年5月、僕は商標権の侵害で、YouTube動画を４５０本削除。残った動画は１００本ほどで、当時の僕にはあまりにも辛い出来事で、命を絶とうとすら思いました。でも、多くの方から励ましと応援の言葉をいただき、YouTubeを続けることにしました。

改めてYouTube活動を再開するとなった時、僕は考えました。作成した動画の8割を消し、人生どん底の状態からどう活動していこうかと。その時にふと思い浮かんだのが、全国のミニマリストを取材することでした。彼らの知識や経験を世界に発信すれば、もっとミニマリズムの魅力が広まるはずだと考えたのです。

まさにこれが、人生の転機でした。全国のミニマリストを取材する動画は大好評で、瞬く間にチャンネル登録者は増え、もともとは月に50万回しか再生されなかったチャンネルが、月間１５０万回再生を超えるようになったのです。

きっとあなたは不思議に思うでしょう。なぜ、急激に数字が伸びたのか。理由はただひとつ、ご縁のおかげです。僕が取材した人たちの知識や経験が、僕と僕のチャンネルを成長させてくれました。

さらには、「一緒にイベントを開催しよう！」と声をかけてくださる方もいて、ミニマリスト業界を一緒に盛り上げることができました。**僕は、ご縁で人生を変えたのです。**

YouTubeが伸び始めてからは、さらにご縁を意識するようになります。なぜなら、目に見えて人生が変わったからです。いろいろな人に会い、アドバイスをもらい、情報交換をする。彼らの存在が励みになり、心の支えにもなりました。

あなたは、何でも一人でやろうとしていませんか？ あなたの夢を応援してくれる人、協力してくれる人はいますか？　夢は、決して一人の力では叶えられません。必ず誰かの協力が必要になります。

とくに、叶えたい夢が大きければ大きいほど、多くの人の支えが必要です。僕は今までに数多くの夢を叶えてきましたが、一人では絶対に叶えられませんでした。YouTubeで生計を立てることも、セミナーやイベントを開催したことも、周りの協力があってこそ成し遂げられました。だからこそ、ご縁の力が必要なのです。

僕は、このご縁の力を使って念願の書籍出版の夢を叶えることができました。ご縁を意識するようになって、たった4カ月の出来事です。

ご縁に恵まれるかどうかは、どれだけあなたが必死に行動しているかで決まります。覚悟を決め、何度失敗しても諦めずに行動できているかどうか。これが相手の心をグッと掴むコツだと思います。あなたが本気で夢を叶えたいと思えば、周りも喜んで協力してくれるはずです。

そしてもうひとつ、**ご縁に恵まれるための重要なポイントは、夢を語ることです。**僕は2年間、叶えたい夢を周りに公言し続けてきました。「こんなことがしたい」「あんなことがしたい」と言いふらしていると、引き寄せられるように夢が叶っていきます。

なぜかといえば、その夢に向かって自然と努力し、同じような志・夢を持った人が集まってくるからです。だから、夢は恥ずかしがらずに積極的に語りましょう。必ず奇跡的なご縁が、あなたを夢に近づけてくれるはずです。

work

次のテーマについて、自由にノートに書き出してみましょう。

①あなたと同じ夢や志を持った人は、どこに行けば会えますか？

②あなたが夢を叶えるためには、どういうステップが必要ですか？

③夢を叶えるために、どういう人たちの協力が必要ですか？

第5章 大切なお金の問題を考えよう

01 収入ゼロ、貯金もゼロになりかけて学んだこと

突然病気が再発し、仕事を辞めざるを得なくなる。収入はもちろんない。貯金を切り崩す生活。これは僕が実際に体験したことです。あなたなら、この状況をどう打開しますか？

突然の不幸に見舞われることは、誰にでもあることです。僕は一年間働きたくても働けず、貯金がゼロになりかけ、危うくホームレスになりそうでした。ですが、僕にとってこの一年で大きな学びを得ることができました。

まずひとつ目は、**僕たち人間はモノにお金をかけ過ぎているということ。**収入が絶たれ、節約生活を強いられた僕は、生活費を一度見直すことにしました。ローンや通信費、交際費、被服費、娯楽など、**僕たちはお金があるほど使ってしまいます。**正直、ブランド品や高級品はなくても生活ができます。洋服も毎月何万円も買わなくても、すでに着る服は十分あるはずです。つまり、**僕たち人間は「今あるモノ」で十分生活できるはずなのに、どんどん新しいモノを求めてお金を使っているのです。**

僕は病気になって初めて、自分が無駄なことにお金を使ってきたことに気がつきました。僕に残されたのは借金と大量のモノ、そしてわずかな貯金だけ。今後のためにも、生活を改めなければいけないと感じました。

二つ目に学んだことは、**必要なお金が増えるほど働く時間が増えるということです。**僕たちは、生きるためにお金が必要です。月に20万円、生活にお金がかかるならそのお金を稼ぐために働かなければなりません。でも、もし月10万円で生活できるならどうでしょうか。そのぶん、働く時間は少なく済みます。

さて、**僕たちが今、頑張って働いているのは何のためでしょうか。**多くの人がお金欲しさに働くのは、モノを買っているからです。生活に必要なモノを買い、物欲を満たすために働いているのです。すでに生活できるだけのモノは十分あるはずなのに、それに気づいている人はとても少ないように思います。

新しいモノが増えては収納を増やし、それでも足りなければ広い家に引っ越す。僕たちは、無意識のうちにお金のかかる生活になっているのです。僕たちが何かモノを買う時、「お金」で買っているわけではありません。**そのお金を得るために費やした時間で買っているのです。**

あなたは、モノを買うために貴重な時間を使っていませんか？　たとえお金をたくさん持っていても、時間は容赦なく過ぎ去って行きます。**時間とは命、人生であり、どんな大金持ちでも過ぎた時間を買い戻すことはできません。**だから、僕たちは人生という時間を大事にしなければいけません。モノのために時間を失われていたら、それはとてももったいないことなのです。

僕は収入も貯金もゼロになって、ようやく大量消費社会の罠に気づくことができました。モノを買うためにお金が必要になり、お金を得るために長時間働く。僕たち人間にとって最も大事なものは命（生きている時間）であり、この大量消費社会はその最も大事なモノを奪っているのです。

働くことはもちろん必要です。でも、いろいろなモノを買い込んで、支払いに追われて働くだけの人生を、僕は終わりにしたいと思いました。**僕がミニマリストになって、質素に小さく暮らすのは自由でいたいからです。**お金のかかる生活を維持するために働きたくありません。自由を楽しむ時間が欲しいのです。だから僕は、今あるモノで満足し、お金を必要としない生活を送ることで、働く時間を最小限にして自由な時間を満喫しています。

work

次のテーマについて、自由にノートに書き出してみましょう。

①あなたの1カ月の生活費はいくらでしょうか？

②あなたは今、モノにどれだけお金をかけているでしょうか？

（家、車、携帯、洋服、化粧品、書籍、日用品など）

02 誰でも簡単に手っ取り早くお金を増やす方法

僕は以前、ツイッターでこんなアンケートをとりました。**「あなたが今、一番欲しいものは何ですか？」**。選択肢は、「時間」「お金」「健康」「その他」の四つ。アンケート結果では、1607人に答えていただき、50％の人が**「お金」**と答えました。

多くの人は毎日辛い思いをしながら、お金を得るために必死に働いています。人それぞれ職種も収入も、ライフスタイルもバラバラですが、多くの人がお金を必要としています。つまり、**どれだけお金があろうが、結果的に多くの人がお金に不足感を感じているのです。**

理由は非常にシンプルで、**お金を必要以上に使っているからで**

す。人間の欲望は、どれだけお金を使っても際限がありません。だから収入に関係なく、多くの人がお金を使い切ってしまうのです。したがって、まずあなたがやるべきことは次の四つです。

まず一つ目は、**不用品を売ること。**手っ取り早くお金が欲しいなら、いらないモノを売ってください。今後使わないもの、高価なモノ、必要ないモノを売ってしまえば、部屋がスッキリする上に、あなたはお金を手にすることができます。

そして、所有物を最小限まで減らせれば、生活に余裕が生まれ、本物の安心感を手に入れることができます。贅沢な暮らしを優先させる暮らしを、終わりにするのです。

そして二つ目は、**モノを買わない生活にシフトする**ことです。買わないことが一番の節約であることは間違いありません。ですが多くの人は、セール品や割引につられてモノを買いがちです。ただモノを買うのをやめるだけで、生活をコントロールしやすくなります。給料日前でもお金が残るようになり、本当にやりたいことに時間とお金を使うこともできるはずです。買うのをやめて、自由を手に入れましょう。

三つ目は、**固定費を削る**ことです。あなたは今、毎月何にどれくらいお金を使っているでしょうか。住居費や駐車場代、ローンや保険、習い事、新聞代、ＮＨＫ、サブスクなど、毎月決まった額のお金を払っているはずです。もしもあなたが明日から無職になっても、この固定費は払い続けなければいけません。一度、固定費で削れるものは削り、プランの見直しなどをして可能な限り固定費を下げることをオススメします。モノが少なければ、ひと回り狭いお部屋に引っ越して家賃を下げることも可能なはずです。必要以上にお金を使うと、身軽で自由な人生を生きられません。そして、稼ぐ以上に浪費すると、借金という重荷を背負うことにもなります。

四つ目は、**変動費を削る**ことです。日用品や食費、被服費や交際費、交通費など、あなたは何にどれくらいお金を使っているでしょうか。そしてその中で、節約できるものを見つけ出してみましょう。

ただ誤解してほしくないのは、**なんでもかんでも節約すればいいということではない**ということです。大事なのはメリハリです。無理な節約はやめましょう。あなたにとって優先度の低いところから節約をするべきです。

まずは、**収入の10～20％を毎月貯金すると決めてください。**そして、残りの80～90％で生活をするのです。**収入の80～90％で生活すると決めてしまえば、あなたは本当に必要なものは何かを考えるはずです。**

お金がいつも足りないと感じてしまうのは、必要ないモノまで欲しがっているからです。欲望のままに散財してしまえば、お金はあっという間になくなります。したがって、**優先順位の低い欲望は切り捨てましょう。**そうすれば、あなたが一番好きなことのためにお金を使うことができるはずです。

最後に、多くの人が誤解していることをお伝えします。無駄を削り、モノを手放してミニマリストな生活を送っていると、よく「貧乏人」と勘違いされます。ですが、僕は質素な暮らしをしているだけであって、貧乏ではありません。無駄を削り、好きなことにお金を回せるようにしているだけです。

本当に貧乏な人とは、少ししかモノを持っていない人ではなく、そして少ないお金で生活をする人でもなく、欲が多すぎていくらあっても満足できない人のことをいいます。つまり、**節約する人が貧乏なのではなく、節約できない人が貧乏になっていくのです。**

無駄を削り、好きなことややりたいことに時間とお金を最大限注ぎ込む。これが最高の幸せではないでしょうか。

work

次のテーマについて、自由にノートに書き出してみましょう。

①あなたの身の回りに、売れる不用品はありますか?

②収入の10~20%を毎月貯金するために、今日からできることは何ですか?

③収入の80~90%で生活するために、
生活費のそれぞれの内訳で予算を決めましょう。

03 借金について考える

あなたは今、借金はありますか？　住宅ローンや車のローン、奨学金、習い事や資格、高額なモノなど、あなたは今いくらの借金をしているでしょうか。そして今、毎月借金返済のためにいくら支払っていますか？　いつ、返済予定ですか？

僕の周りには、後先考えず、借金に追われて苦しい生活をしている人がたくさんいます。そしてそのほとんどが家計簿をつけず、借金で毎月いくら払っているのかも認識しておらず、全く計画性がゼロだったのです。僕も、お金について学ぶまで、その一人でした。

借金の返済額が多ければ多いほど、生活費が高くなり、お金に追われる生活になります。借金をすることは悪いことではありませんが、しっかり計画を立ててお金を借り、返済するべきだと思います。

僕は、お金を借りる時、三つのことに気をつけています。

一つ目は、その借金が**将来のためになるのか**、ということです。僕が借金を悪者扱いしない理由はここにあります。

僕は数年前、ＮＬＰという資格を取得しようと思った時、70万円ほどのローンを組みました。当時の僕は病み上がりでお金がなかったのですが、それでも人生を変えようと思い、お金を借りました。

今ではその70万円以上の価値が得られ、収入も上がり、人生を変えることができました。

このように、お金がない状況で人生を変えるためには、借金をする必要に迫られることがあります。

ですが、僕は**将来へのリターンが少ないもので借金しようとは思いません**。理由はシンプルで、負債がどんどん膨れ上がるだけだからです。はたして、今からあなたが買おうとしているものは、あなたの将来につながるかどうか、真剣に考えて欲しいと思います。

二つ目に重要なことは、**身の丈にあった借金か？**ということです。借金の返済は、借りた者の義務です。それをはたす責任があります。ですが、自身の収入では返しきれないほどの借金をしてしまえば、たちまち家計は火の車です。

だから、**借金をする前に、必ず収入の中で返済するべき割合をキチンと決めるべきです。**

毎月の借金の支払額を、収入の最大20％までに留めましょう。それ以上の借金は避けるべきです。つまり、**収入の10%は少なくとも貯金に回し、そして70%を生活費に、最後に残った20%で返済に回すのです。**

多額の借金をすれば、たとえ会社が辛くて辞めたくても辞められません。借金の支払いは待ってくれないからです。借金を返すための借金もやめましょう。

きっと多くの人は「働きたくない」と思っているかもしれませんが、借金をすれば働かざるを得なくなります。したがって、**お金を借りる際は慎重に、しっかりと計画を立てて行いましょう。**時に、信頼できる友人や家族、お金の管理に長けた人に相談することも必要です。

最後の三つ目は、**一括で払えるだけの貯金をしておく**ということです。家や車は別ですが、それ以外のものでお金を借りる場合、僕は現在の貯金額を確認します。借金の返済中に無職になって収入がゼロになっても、返せるようにしたいからです。

したがって、もしも一括で払えるだけの貯金がなければ、僕は買いません。本当に欲しいものであれば、必死に働いてお金を貯めてからにします。

最後にあなたにお伝えしたいことがひとつあります。それは、**「恩を返すつもり」でお金を支払う**ことです。多くの人は、借金を返すことに必死になりすぎて、貸してくれた人、会社への感謝の気持ちを忘れがちです。

あなたは、その借金をしたことで得られたものがあるはずです。もしもお金を貸してくれなかったら、あなたはそれを手にすることはできませんでした。あなたを信用して、誰かが必死に働いて稼いだお金を貸してくれたのです。その恩を忘れてはいけません。

お金を雑に扱う人は、お金からも人からも嫌われます。感謝することだけは忘れないでください。

work

次のテーマについて、自由にノートに書き出してみましょう。

①あなたは今、どれだけの借金が残っていますか？
②毎月の支払いは、収入の20％に収まっているでしょうか？
③借金返済のために、あなたが今できることは何ですか？

04

貯金と収入が増えるお金の回し方

あなたにとって**「お金持ち」**とはどんな人でしょうか。もし「お金をたくさん持っている人」と答えたならば、それは間違いです。

例えば、僕があなたに1億円を与えたとします。あなたはその1億円を何に使いますか？ きっと今までのあなたなら、広い家に引っ越し、車を買い、美味しいご飯を食べ、旅行に行ったりしませんか？

ではあなたに聞きます。**それで、お金は増えますか？** お金を使うばかりでは、いつかお金はなくなります。つまり、その人はお金持ちではありませんし、お金持ちにはれません。

本当のお金持ちとは、**「お金の増やし方を知っている人」**だからです。つまり、重要なのはお金の増やし方なのです。

僕はここ数年間、どうしたらお金が増えるのかをずっと勉強してきました。答えは三つ。当たり前ですが、**①支出を減らすこと、②貯金を増やすこと、③収入を増やすこと**です。

節約をして支出額を減らすことは先ほどにも説明しましたが、**節約して浮いたお金をどう使うかもとても重要です。**

僕は、ひとまず**生活費の3～6カ月ぶんの貯金をする**ことをオススメします。もし可能であれば**生活費1年ぶんの貯金**をするといいでしょう。

貯金をすることはとても大事で、ゆとりがあるからこそチャンスが生まれるからです。引越しや転職、起業、資格取得、自己投資など、お金があるからこそできることが増えるのです。そして貯金があることで、安心感や自信が生まれます。何より、急な出費があっても、とりあえず生きていけるという状態を作ることができます。

次に、ある程度貯金が増えてから、僕は**「お金が循環する仕組み」**を作りました。**収入の10～20％を貯金**に回し、そして同じく**収入の10～20％を自己投資**に回すのです。残りの60～80％で生活を回していきます。借金がある人は、生活に収入の60～70％を回し、借金返済に収入の20％、貯金に5～10％、自己投資に5～10％回しましょう。

僕はこの仕組みを数年間実践してきたことで、貯金も収入も増やすことに成功しました。月収は実に会社員時代の約6倍、年間で貯金できる額は約13倍増えました。

あなたは、手持ちの1万円を2万円にするなら、どんな方法を選びますか？　お金を増やす方法はただひとつ。**「投資」**です。その中で最もリスクが低く、かつ誰でも簡単に行える投資が**「自己投資」**です。つまり、**自己投資で自分の市場価値を高めるのです。**

自己投資で市場価値を高めることができれば、転職がうまくいったり、副業で収入を増やすことができたり、起業してチャンスを掴むことが可能です。貯金と収入が増えていくプラスのスパイラルに入っていけば、お金の不安から解放されていきます。

でも誤解して欲しくないことがひとつあります。**お金を稼ぐのは、決して贅沢をするためではない**ということです。あなたが心からやりたいこと、夢に挑戦するために使うべきです。

だから、もしかしたらあなたはそこまで収入を上げなくてもいいかもしれません。**今、あなたが叶えたい夢を追いかけるために、好きなことをやるために、いくら必要ですか？**　あなたが稼ぐべき収入はいくらでしょうか。大事なことは、**あなたがやりたいことに必要なぶんのお金を稼げればいいということです。**

だから僕は、たとえ収入が上がっても贅沢をすることはありません。最低限のモノだけで生活し、残りはすべて貯金や自己投資、やりたいことに回します。

妻と二人暮らしなら、月に20万円で暮らしていけます。つまり、**一人当たり10万円あれば十分豊かに暮らせるのです。**　僕たち夫婦は、一人当たり月10万円の生活水準を保ちつつ、自分のやりたいことのためにお金を稼ぎ、そして一番好きなことのためにお金を使っています。

貯金が増える上に収入も上がり、自分の好きなことにお金が回せる。こんなに素晴らしいことはありません。経済的ゆとりが生まれ、生活の質がどんどん向上していきます。仕事の幅も広がり、ご縁にも恵まれて多くの人に支えられるようになったのは、お金の使い方を見直すようにしたからです。

もしかしたらあなたは、この方法を当たり前のように感じているかもしれません。ですが、多くの人はその当たり前のことができていないのです。**成功の秘訣は、当たり前のことを素直にやることから始まります。**

work

次のテーマについて、自由にノートに書き出してみましょう。

①今、あなたが叶えたい夢を叶えるために、必要なお金はいくらですか？

②手持ちの1万円を、2万円にする具体的な方法を考えてみましょう。

③あなたの市場価値を高めるために、今からできることは何ですか？

05 何にお金を使うべきかを考える

僕は無職・無収入になった時、真剣に「お金」について考えました。お金は、生まれてから死ぬまで一生つき合っていかなければいけないもので、使い方次第で幸せにも不幸にもなります。

少し極端な例かもしれませんが、たとえ年収1000万円だとしても破産する可能性は十分あります。収入が上がり、タワーマンションに引っ越す。せっかくなのでインテリアも新調。そしてある日、軽自動車に乗っているのが恥ずかしくなり、高級車を買う。財布やカバン、洋服などを高級ブランドで揃えていく。クレジットカードの支払額が毎月増えていき、ますます働いてお金を稼がなくてはいけなくなる。しかし、働きすぎで病気になり、無職・無収入の状態に。毎月の高額な支払いで銀行口座の残金があっという間に減っていき、最終的に破産する。

このように、たとえお金が稼げていたとしても、幸せになれるわけではありません。**大事なのは、お金の使い方なのです。**生活の「カツカツ感」は、人を不幸にします。

「お金はあった方がいい」ことは誰でもわかりますが、一体どれだけの人がお金について真剣に学び、有効なお金の使い方をしているでしょうか。

たとえ収入が少なくても、幸せに生きることは十分可能です。**「豊かに生きる」とは、何も収入だけの話ではないからです。**

あなたがもし、毎月の手取りが15万円だとしたらどうしますか？　僕なら10万円以内で生活を回し、残りの5万円は貯金や自己投資、夢のために使います。ここでのポイントは、**「好きなこと」「やりたいこと」にお金を回せているかどうか**です。

多くの人は夢を忘れ、物欲を満たすためにお金を使います。そのような生活を続けていても、何も人生変わりません。何も成し遂げられないままです。

あなたの夢はなんでしょうか。どんな人生にしたいのでしょうか。何を成し遂げたいですか？

僕たちは、その夢にお金をかけるべきなのです。たとえ収入が少なくても、僕は何年も「やりたいこと」に投資し続けてきました。夢を夢中で追いかけている時が、何よりも楽しく、ワクワクするからです。

今となっては多くのことを成し遂げて収入も増えましたが、幸福度はそれほど変わりません。**大事なのは、夢に挑戦しているワクワク感にお金を使うことです。**僕はお金がない時から夢にお金を回し続けてきて、その瞬間が最高に楽しかったのです。今も同じです。夢が叶う日を、ワクワクしながら楽しんでいます。

だから僕は収入が上がった時、「お金が幸せにしてくれるわけではない」と身をもって実感しました。もちろん、お金があることでストレスを軽減してくれることは確かです。ですが、お金が心を満たしてくれるわけではないのです。

あなたは普段、ワクワクすることはありますか？ **毎日辛く苦しい生活をしているのであれば、もっとワクワクすることにお金を使いましょう。**新しい挑戦にお金を使うのです。そのワクワク感が人生を豊かにし、人生をより良いものにしてくれるはずです。

work

次のテーマについて、自由にノートに書き出してみましょう。

①こんなことができたらワクワクすることは何ですか？
②その夢に挑戦するために、必要なお金はいくらでしょうか。
③夢に挑戦するために生活費を見直し、予算を決めましょう。

06 「働き方」や「仕事」で幸せを感じるには？

あなたは仕事に何を求めていますか？　お金やスキル、成長、やりがいなど、人それぞれ仕事に求めるものは違うでしょう。僕は毎回、転職をする時に「仕事に求める五大要素」を必ず決めるようにしていました。**自分が何を仕事に求めているのかを明確にしてから仕事選びをすると、仕事への満足感が高くなるからです。**

今僕が仕事に求めているのは、**「自由」「好きなこと」「やりがい」「成長」「お金」**です。僕は今、場所と時間とお金に縛られない自由な働き方がしたいと考えています。休みたい時に休み、働きたい時に働く。そして、どんな場所でも働けるノマド生活に憧れていました。そこで目をつけたのが「YouTuber」という働き方でした。スマホ1台あれば、いつ、どこでも僕は仕事をすることができます。

さらに僕は、**「好きなことでお金を稼ぎたい」**とずっと思っていました。あなたも昔、いえ今でも、**「好きなことを仕事にしたい」「憧れの人のように仕事をしたい」と思ったことはありません**

か？　もしもその夢が叶ったとしたら、ワクワクしませんか？　僕たちは、当たり前ですが好きなことを仕事にした方が幸せに感じるのです。

そして仕事で欠かせないのが、**「やりがい」**です。どれだけ多くの人の役に立っているかが僕にとって仕事のモチベーションになっています。多くの人から感謝されたり、多くの人から求められるようになれば、自身の存在価値も上がるし、仕事に誇りを持てるようになります。これが誰にも感謝されず、誰にも求められなければ、自分が働く意味がわからなくなってしまい、無気力になるでしょう。あなたの仕事に感謝してくれる人を増やすことは、「やりがい」になるのです。

また、**人間は成長に幸せを感じる**ことは第3章でも述べました。仕事は、自身を成長させる最高の機会です。ですが、毎日同じことの繰り返しで仕事に慣れてしまうと、仕事が退屈に感じます。**もしもあなたが仕事を退屈に感じているのであれば、新しい仕事を覚えたり、新しい事業に携わるなど、仕事に変化を加えてみてください。**

最後に、**「お金」**も大切な要素であることを忘れてはいけません。僕はお客様からいただいたお金は、次のお客様に還元できるよう、自己投資に使っています。自身の知識やスキル、能力、サービスにより一層磨きがかかれば、またさらに多くのお客様が喜んでくれるからです。さらに、**お金があれば新しい仕事に挑戦することもできます。**つまり、あなたが仕事に退屈しないためにも、成長や変化にお金を使うことはとても大事なことです。

とはいえ、やはり僕が仕事をする上で最も大事だと思うのが、**好きなことを仕事にすること**です。もし「好きなこと」がわからなければ、**嫌な仕事を減らしていく**ことが大切です。仕事のストレスは、人生の満足度や幸福度に直結しています。つまり、仕事でストレスを抱えれば抱えるほど、人生が辛く苦しく感じてしまうのです。

「好きなこと」を仕事にすれば、たとえ収入が少なくても楽しいと感じるはずです。僕がYouTuberとして5万円を稼いだ時、初めて仕事の楽しさを味わうことができました。初めて「やりたい！」と思ったことで、お金を生み出すことができたからです。

好きなことで人の役に立てれば、やりがいも生まれます。さらには「好きこそ物の上手なれ」ということわざがあるように、人は好きなものに対して熱心に努力するので成長も早くなります。つまり、苦手なことや嫌なことを仕事にするよりも、収入が上がりやすくもなるのです。

さて、**あなたが最も仕事で幸せを感じるためには、どのような要素が必要でしょうか？**逆に、好きなことを仕事にするなら、我慢できることはなんでしょうか？僕たち人間は生きていくために、必ず働かなければいけません。どうせ働くなら、好きなことを仕事にしましょう。

work

次のテーマについて、自由にノートに書き出してみましょう。

①あなたが仕事に求める要素を五つ挙げ、順位をつけましょう。

②あなたの憧れの職業・仕事は何ですか？

③あなたがその職に就くために、今からできることは何ですか？

07 好きなことを仕事にする5ステップ

僕は今、好きなことやりたい仕事しかしていません。YouTubeでの動画配信やイベント活動、セミナー講演活動、そして現在の執筆活動です。僕がこうして好きなことを仕事にできたのには五つの秘密があります。

まず一つ目が、**自分の好きなことややりたいことを明確にする**ことです。どんな風に働きたいかだったり、こんな分野に携わりたいとか、得意分野は何かなど、あなたの理想を明確にします。僕の場合は、ミニマリストしぶさんやメンタリストＤａｉＧｏさんのように発信活動をしながら働きたいと考えていました。そんな風に、憧れの仕事に就いている人を見つけて真似をすることも大事です。

続いて二つ目のステップは、**好きな仕事のリサーチ**です。同じような職種はどのようなものがあるか、その職種ではどんな人が働き、収入や働き方はどうか、どんなスキルや能力、知識が必要か、自分にとってどんなメリットがあるかなど細かく調べていくといいでしょう。

三つ目のステップは、**あなたがお客様をどう幸せにできるかを明確にする**ことです。「好きなこと」「趣味」を仕事にするためには、誰かの悩みを解決したり助けなければいけません。あなたは誰のどんな悩みを解決できるでしょうか。世の中の人たちは、どういうことに悩んでいるのでしょうか。何が求められているのでしょうか。**お客様が抱える悩みや課題を解決するからこそ、お客様は幸せになり、お金を払いたくなるのです。**

そして四つ目のステップは、**好きな仕事で生計を立てるために時間とお金を使う**ということです。いたって当たり前のことですが、四つ目のステップで躓く人が非常に多いです。好きなことはわかっていても、実際に行動に移せないのです。

会社を辞める、転職する、新しい仕事を始めることは、非常に勇気のいることかもしれません。ですが、**好きを仕事にするために時間とお金を投資してください。**あなたがもし、好きなことを仕事にするために知識やスキルアップにお金と時間を使えば、さらにその夢が叶いやすくなります。

いきなり起業が難しければ、同じ職種の現場を覗きに行くだけでもいいと思います。憧れの人のもとで働いたり、ボランティアで仕事を手伝ったり、イベントに参加して直接話を聞いてみるのもオススメです。**あなたが不安がっているのは、その仕事に対して無知だからです。**まずは不安をなくすために、しっかりと学びましょう。

そして最後五つ目のステップは、**嫌な仕事を減らすこと**です。多くの人が悩むのは、ちゃんと生活していけるかどうかというお金の問題だと思います。でも急に本業をやめる必要はありません。少しずつ勉強したりスキルアップをして準備するのもよし、副業として少しずつ育てていき、収入がある程度上がってきたところで本業の仕事量を減らす方法もあります。

僕は初め、YouTuberとして生計は立てられなかったので、本業の傍続けていきました。生活の基盤を本業で保ちつつ、副業を少しずつ成長させていったのです。もちろん苦労することはありましたが、「好きなこと」のためならなんでも頑張れました。

例えば子どもがゲームをする感覚に近いかもしれません。親が「やめろ」と言っても子どもは意地でもやろうとします。**それくらい情熱を持って取り組める「やりたいこと」を見つけるのです。**寝る間を惜しんでも、休みを返上してでもやりたいこと。それくらいやりたい仕事で多くの人を幸せにすることができれば、あなたは「好き」を「仕事」にできるはずです。

僕はYouTubeで、その夢を叶えることができました。発信活動に始まり、セミナー講演活動、イベントの開催、書籍出版、すべての夢が叶ったのです。好きなことを続けていけば、自然と結果はついてきます。**大事なことは、五つのサイクルを回し続けること。**途中で途切れてしまえば、夢は遠のいてしまうでしょう。

work

次のテーマについて、自由にノートに書き出してみましょう。

①周りから「やめろ！」と止められても、やってみたいことは何ですか？

②好きなことを仕事にするために、今からできることは何でしょうか？

08 月1万円、自分の力で稼ぐなら何ができる？

僕が個人事業主として独立したての頃、**「自分の力でゼロから仕事を生み出し、月1万円稼ぐにはどうしたらいいのだろう」**ということをずっと考えてきました。会社勤めをせずに、自分の力で月1万円稼ぐとなった時、あなたなら何をしますか？

ここで皆さんにわかってほしいことは、**1万円の貴重さ**です。お金というのは、普段当たり前のように僕たちは使っていますが、とてもかけがえのないものなのです。アルバイトや会社員などで、毎月何十万円とお給料が振り込まれてくる方もいると思いますが、いざ**自分の力だけで1万円を稼ごうとすると、大変なことに気づくはずです。**

僕はこのことを考えるようになってから、無駄なことにお金を使うのではなく、より一層お金を大事にしようと思えました。

会社からいただいたお給料と、自分の力でゼロから稼いだ1万円の重みは全く違います。僕が初めてYouTubeで5万円を稼いだ時の感動は、初めて会社員として初任給15万円をいただいた時より遥かに超えます。

お仕事をする上で大事なことは、**「人の役に立つこと」**というお話を先ほどもしました。ここではもうひとつ大事なことをお伝えしたいと思います。それは**仕事の価値や存在意義**についてです。あなたが世界一の商品を作ったとしても、誰もその商品やサービスを欲しがらなければ社会的価値はゼロになってしまいます。ですが、たとえ世界で十番目の商品だったとしても、世界で１００万人の人が必要としてくれれば、そのぶん、社会的価値は上がります。

つまり、**僕たちの仕事の価値や存在意義というのは、「人が求める数」で決まってしまう**ということです。どんなに素晴らしい商品を作ったとしても、それを誰も知らず、誰も必要としなければ何の意味もないのです。

世の中の人は何を求め、何を欲しているのか。そしてその需要を満たす商品・サービスを作り、世の中に広めていくことが月1万円を稼ぐ上でとても大事なことになります。

そして僕が1万円を稼げる方法はないか考えた結果、**自分の今までの知識や経験をYouTubeを使って人の役に立つことでした。**

月1万円という低いハードルだからこそ考えついた安易な発想かもしれませんが、それがとても重要です。たった1万円稼げるようになることで、それが次第に5万円、10万円、20万円と増えていきます。

僕は、YouTubeで月20万円稼ぐまでに1年かかりましたが、その後半年ほどで一気に月

120万円稼げるようになったのです。「たった1万円稼ぐにはどうしたらいいのか」という考えから仕事を生み出し、今では十分な収益を上げることができています。

あなたなら、月1万円を自力で稼ぐために何をしますか？　月1万円稼げた人は、月5万円稼ぐために何ができますか？　**ポイントは、「人の役に立つ」ことと「求められる数」を増やすことです。**

work

次のテーマについて、自由にノートに書き出してみましょう。

①あなたはどんなことで人の役に立てますか？

②あなたの商品やサービスを受け取ったお客さんは、どう幸せになるでしょうか？

③「求められる数」を増やすために、あなたができることは何ですか？

09 あなたの不安や悩み、失敗を「お金」に変える

僕は大学生の時にP・F・ドラッガー著の『マネジメント』を読んだことがあります。本を読んだのはもう何年も前のことですが、ひとつだけ心に残っている言葉があるのでご紹介します。

「人は最大の資産である」

一人ひとりが生きてきた背景や身につけてきた経験、スキルは、「資産」になるということです。つまり、**あなたが生きてきた人生そのものが「コンテンツ」になり、「お金」に変えられるということです。**

例えば、あなたは今までにどんな不安や悩みを抱えてきましたか？　きっと、お金や健康、恋愛、仕事など、いろいろなことに悩んできたはずです。そしてその問題を解決するために、様々な知識や能力を身につけてきたのではありませんか？　**あなたが身につけてきたその知識や能力を人助けに使えば、それが「お金」に変わります。**

昔のあなたと同じように、今悩んでいる人はたくさんいます。その人たちを救うことができれ

ば、それが仕事になるのです。

僕が最初にYouTubeを始めた時、「３０００個のモノを捨てたミニマリスト」として発信していました。実績は、ただモノを捨てただけ。でも僕にとって貴重な成功体験であり、「モノを捨てる知識や能力」が身につきました。それを他の人の人生に活かさない手はありません。結果は言うまでもなく、YouTubeで十分な収益を上げることができました。

さらには僕の知識や経験だけではなく、日本全国のミニマリストを取材し、彼らの経験談を今では発信しています。「人は最大の資産である」という言葉を胸に刻み、彼らの貴重な体験談を語っていただき、より多くの人を救うためです。

あなたにも、人を救う何かがあります。能力やスキル、知識、人脈、お金。それらを人のために使うのです。

もうひとつ、大切な資産をご紹介しましょう。それは「失敗」です。僕は今までに何千回、何万回と失敗してきました。きっとあなたも同じでしょう。その失敗談を、**他の人が同じような失敗をして苦労しないように助けてあげられるのです。**

あなたは今までにどんな失敗をしてきましたか？　その失敗を、どんな人に伝え、幸せになってほしいですか？　**あなたが生きてきた意味は、周りの人間や後世が同じ失敗を繰り返さず幸せに生きてもらうためです。**

僕も同じです。モノが多く、お金がないと悩んでいました。でも、僕はそれを解決する術を身につけました。だからこそ、周りの人間や後世にそれを繋ぐために発信しているのです。

僕の人生そのものが「コンテンツ」になって人の役に立てた時、「お金」には変えがたい満足感があります。それが**「僕が生きてきた意味」**に繋がるからです。失敗も成功も、すべて自分にとって必要な出来事であり、それを役立てることが最大の喜びなのです。

「使命」は、「命を使う」と書きます。命を消耗してまで人に伝えたいこと、役立てたいことが僕にはあります。僕には使命があるのです。**「ミニマリズムで人生を変えてほしい」**という思いだけでここまでやってきました。

あなたが使命を発見できた時、人生はより良いものへと変わっていきます。そしてその使命を見つけるヒントは、あなたが今までに苦労した体験や失敗した経験に隠されています。ぜひそれを見つけてください。

work

次のテーマについて、自由にノートに書き出してみましょう。

①苦手や不安、悩みを克服するために学んだことはありますか？
②あなたが人生で大きく失敗した出来事は何ですか？
③それらの経験を、周りの人に活かしてもらうために何ができますか？
④何か一つ、後世に伝えたいことがあるとしたら、それは何でしょうか？

10 与えるものが多い人ほど お金が増える

モノや情報、自分の時間を提供したり、お金を寄付したりすると、誰かの助けになることができます。**人のためになることをすれば、確実に気分が良くなり、人生への満足度や充実度も高くなります。**

それだけではありません。**人助けに熱心な人は、多くの人を魅了し、お金も集まってくるのです。**思いやりのある人は、利己的な人よりも周りから好かれやすく、応援してくれる人や協力してくれる人が増えていくからです。

人から貰うことしか考えていない人は、全く逆のことが起きます。人から与えてもらえないことに不満を抱き、人生の満足度や充実度が下がります。思いやりがなく、人もどんどん離れていくのです。

お金は、人が集まるところに集まってきます。先ほども言ったように、**「人が求める数」**によってそのものの価値が高くなるからです。だからと言って、「見返りを求めてお金のために人助けをしろ」と言っているわけではありません。

とはいえ、何らかの見返りがあるのであれば、それはありがたく受け取るべきです。

大事なことは、**たとえ見返りがなくても人の役に立ちたいと思ったことをする**ことです。義務や強制でもなく、自主的に人の役に立ちたいと思ったことをすることで、気分が上がり、多くの人を惹きつけることができます。

今やYouTuberが注目されているのは、多くの人を集める力を持っているからです。彼らが与えるものが、多くの人に求められています。彼らは決して誰かからやらされているわけではなく、自主的に行なっています。自分の好きなことをして、人の役に立とうとしているのです。

あなたは、あんなに楽しそうに働く大人を見たことがあるでしょうか。今や子どもたちに人気の職業YouTuber。理由は簡単です。YouTuberほどあんなに楽しそうに働いて、多くの人に勇気を与えたり、元気や笑顔を与える仕事はないからです。子どもたちは皆、「あんな大人になりたい」と思って憧れているのです。

あなたは何を、人に与えられますか？

あなたはミニマリズムを実践したことで、与えられるものが多いことに気がついているはずです。すでにあなたは恵まれていて、十分なモノとお金、時間があるのです。**ミニマリズムで生活に余裕が生まれたのなら、そのぶんを人に与えましょう。**きっと心が温かくなるはずです。お金でも時間でも、モノ、情報、スキルでも、なんでもいいと思います。**あなたが与えたいと思うも**

ので、人の役に立つのです。

足りないところに目を向け、「もっと」と欲張ってしまうと、どんなにたくさん持っていても、欲しいものが次から次へと出てきます。もっとモノが欲しい。もっとお金が欲しい。もっと時間が欲しい。**欲や執着が強すぎると余裕がなくなり、人に与えることはできません。**

人に与えられる人は、余裕がある人たちです。今あるものに感謝し、余ったぶんを人のために使う。**与えられるものが多ければ多いほど、人に感謝され、お金も集まってきます。**つまり、お金は「おまけ」でついてくるものなのです。

多くの人は、「働きたくないから」お金持ちになろうとします。つまり、働く理由がお金を得るためであって、お金さえあれば働くこと自体に意味がなくなります。

ですが、世の中のお金持ちが仕事を辞めないのはなぜでしょうか。それは、**与え続けることに喜びを感じているからです。**お客さんは、そのことに対する「感謝」を「お金」というものに変えて支払っているだけなのです。

さあ、今日から始めてみましょう。あなたの身の回りに困っている人はいませんか？　**誰かを喜ばせるために、あなたは何を与えられるでしょうか。**

着ていない服、もう読まない本、もう使わないモノを誰かに譲る。チャリティ団体にお金を寄付する。あなたの知識や能力で、困っている人を助けてあげる。**これがミニマリストとして意味のある人生を送る一番の近道です。**

work

次のテーマについて、自由にノートに書き出してみましょう。

①たとえ見返りがなくても、周りのためにしてあげたいと思うことは何ですか？

②周りに勇気や希望、元気を与えるためにあなたができることは何ですか？

エピローグ

大好きなことに集中するために生きよう

「ミニマリスト」になるのは手段であって、ゴールではありません。ミニマリストになって終わりではなく、ミニマリストになったその先の人生の方が、実は重要なのです。

僕がこの本を書き始めた時、ある強い想いがありました。

それは、**「人生を変える手段としてミニマリズムを実践してもらい、夢に挑戦する自由と豊かさを手に入れてほしい」**という想いです。

その想いを読者の皆さんに伝えるために、この本では具体的にミニマリストになる方法だけではなく、ミニマリズム本来の目的や、僕がミニマリストとしてどう人生を変えてきたのかを書き続けてきました。

あなたの家が、前よりもスッキリした空間になっていることを願っています。少しでもお金と時間に余裕ができて、ストレスの少ない生活になっていることを願っています。人間関係も、ス

ケジュールも、仕事も、健全な状態に保たれていることを願っています。そして、どんなに小さな夢でもいいから、それが実現していることを願っています。

生活を見直したい、人生を変えたいと思ったら、この本を何度も読み返してください。「暮らし」を整えていけば、人生が変わります。身の回りの「モノ」を整え、同様に「環境」や「時間の使い方」「人間関係」「お金の使い方」「働き方」を見直していくのです。

その際に、ミニマリズムの考え方が大いに役立つでしょう。**ミニマリズムは、無駄なモノを削ぎ落とし、「今」に集中する生き方です。**未来に怯えず、過去に執着することなく、今を生きましょう。**今この瞬間を生きて、あなたが人生で最も大事なものを手にするのです。**それぞれのテーマごとにワークも用意してあります。考えるキッカケを与え、実際に行動してほしいです。

きっと最後までこの本を読んで実践してくださったあなたは、ミニマリズムを通して生活にゆとりが生まれたと思います。そのゆとりをどう使うかは、あなた次第です。

だから僕は、この言葉を言わずにこの本を終えることはできません。

「大きな夢に挑戦しよう!!」

YouTubeを始めてみよう。故郷に帰ろう。旅行の予約をしよう。習い事を始めよう。憧れの人に会いに行こう。引っ越そう。転職しよう。セミナーに行こう。自分のお店を持とう。本を書こう。

どんな小さな夢でもいいと思います。**「死ぬ前にやっておきたいこと」**をリストにして、いろいろなことに挑戦していきましょう。時間は有限です。有限だからこそ、大切にしなければいけません。

チャンスがあったら、ぜひやりたいと思っている夢があるのなら、それを今すぐ実践するべきです。「今できることは何か」「何から始められるか」を常に考えて、ひたすら行動するようにすれば、一年後には大きく人生が変わっていることでしょう。

僕は、個人事業主として独立し、ＮＬＰという実践心理学の資格を取り、ミニマリストになって、YouTubeで発信活動を始めました。今では日本全国を飛び回り、イベントや講演活動も行なっています。ほんの数年の出来事です。

あなたも、一番大きな夢を叶えることができます。そのためには、ただひたすら挑戦すればいいだけです。夢は見るためにあるのではなく、叶えるためにあります。

行動しましょう。あなたにとって一番大事なものを手に入れるために、必要なことをしましょう。人生には、大切なこととそれほど大切ではないことがあります。その違いがわかれば、人生の可能性は大きく開けるはずです。

人生には、ただモノを買い集めるよりも、嫌な仕事で長時間働き続けるよりも、気乗りのしない人づき合いをするよりも、ずっと大切なことがあります。その大切なものが見えてくれば、それを妨げる余計なものをすべて手放しても、犠牲にしている気分にはならないはずです。

あなたにとって一番大切な夢を決められるのは、あなたしかいません。あなたには、それを決める自由があるのです。あなたの人生ですから、僕や周りの人間が決めることではありません。大きな夢を持ちましょう。そしてその夢から、大きなワクワク感と満足感を手に入れてください。**あなたも僕も、人生を良い方向に変える力があり、今すぐに始められるということを忘れないようにしましょう。**

人生は一度きり。遠慮せずなんでもやってみよう。大きな夢を見よう。そして、夢を現実にしよう。これが**「月10万円でより豊かに暮らすミニマリスト生活」**です。

work

次のテーマについて、自由にノートに書き出してみましょう。

①「死ぬ前にやっておきたいことリスト」を作りましょう。

②人生を良い方向に変えるために、今から始められることは何ですか？

少ないモノ、
自分が好きなモノ
に囲まれて暮らす。

身軽な暮らしで、
人生という名の
旅を楽しもう。

【著者略歴】
ミニマリストTakeru（みにまりすと・たける）
ミニマリスト・YouTuber
登録者5万人を超え、月間150万PVのYouTubeチャンネルを運営。Twitterのフォロワーは1.4万人。SNSでミニマリズムの魅力を広める活動を行なっている。13年間、潰瘍性大腸炎という難病を患っており、病気と闘いながら生活をしている。1年間、自宅療養で無職・無収入の状態が続き、ミニマリズムと出会う。人生の転機となったのは「ミニマリスト」になってから。3000個以上のモノを手放し、月10万円で質素に小さく暮らせるようになった。モノを手放したことで、自分の人生について深く考えるように。本当の幸せとは何かを模索し、「少ないことが、より豊かなこと」だと気づく。現在は、YouTube活動のみならず、全国各地のミニマリストを取材したり、ミニマリストオフ会を開催している。

月《つき》10万《まん》円《えん》で より豊《ゆた》かに暮《く》らす
ミニマリスト生《せい》活《かつ》

2020年4月21日　初版発行
2022年2月23日　第8刷発行

発行　**株式会社クロスメディア・パブリッシング**
発行者　小早川幸一郎
〒151-0051　東京都渋谷区千駄ヶ谷4-20-3 東栄神宮外苑ビル
http://www.cm-publishing.co.jp
■本の内容に関するお問い合わせ先 ……………………… TEL（03）5413-3140 ／ FAX（03）5413-3141

発売　**株式会社インプレス**
〒101-0051　東京都千代田区神田神保町一丁目105番地
■乱丁本・落丁本などのお問い合わせ先 ……………… TEL（03）6837-5016 ／ FAX（03）6837-5023
service@impress.co.jp
（受付時間　10:00～12:00、13:00～17:00　土日・祝日を除く）
※古書店で購入されたものについてはお取り替えできません

■書店／販売店のご注文窓口
株式会社インプレス　受注センター ……………………… TEL（048）449-8040 ／ FAX（048）449-8041
株式会社インプレス　出版営業部 …………………………………………………… TEL（03）6837-4635

カバーデザイン　金澤浩二（cmD）
本文デザイン・DTP　荒好見（cmD）
印刷・製本　中央精版印刷株式会社
装画・イラスト　八鳥ねこ（Konoha）
校正・校閲　Konoha
ISBN 978-4-295-40410-1 C0030